L'ÉGLISE ET LE MONASTÈRE

DU

VAL-DE-GRACE

— 1645-1665 —

PAR

V. RUPRICH-ROBERT

ARCHITECTE DU GOUVERNEMENT,
MEMBRE DE LA COMMISSION DES MONUMENTS HISTORIQUES,
RAPPORTEUR AU COMITÉ DES INSPECTEURS GÉNÉRAUX
DES ÉDIFICES DIOCÉSAINS, ETC.

A PARIS

Vᵉ A. MOREL ET Cⁱᵉ, ÉDITEURS

13, RUE BONAPARTE, 13

1875

L'ÉGLISE ET LE MONASTÈRE

DU

VAL-DE-GRACE

Claye, imprimeur
C.S. Benoit, 7, à Paris

L'ÉGLISE ET LE MONASTÈRE

DU

VAL-DE-GRACE

— 1645-1665 —

PAR

V. RUPRICH-ROBERT.

ARCHITECTE DU GOUVERNEMENT,
MEMBRE DE LA COMMISSION DES MONUMENTS HISTORIQUES,
RAPPORTEUR AU COMITÉ DES INSPECTEURS GÉNÉRAUX
DES ÉDIFICES DIOCÉSAINS, ETC.

A PARIS

Ve A. MOREL ET Cie, ÉDITEURS

13, RUE BONAPARTE, 13

—

1875

AU LECTEUR.

Cette étude, s'adressant plus particulièrement aux artistes
et aux personnes qui aiment les monuments et qui par conséquent les visitent, ne contient pas une longue description
des lieux, comme il s'en trouve souvent dans les travaux de
ce genre. Nous pensons que les livres, si bien faits qu'ils
soient, ne donnent jamais une idée parfaite des édifices, et,
à plus forte raison, de la quantité d'efforts, de peines ou de
joies, auxquels a donné lieu leur création; qu'il faut, pour
bien connaître un monument, prendre la peine de le parcourir,
l'examiner sur toutes ses faces et à toutes les hauteurs, l'analyser dans tous ses recoins, s'intéresser enfin aussi bien aux
parties faites pour ne pas être vues qu'aux points les plus
apparents. Nous suppléerons à l'énumération complète des
dispositions du Val-de-Grâce par un plan d'ensemble et par
quelques dessins et descriptions partielles, en exprimant le
désir que ceux qui aiment l'art, attirés par des beautés aussi
réelles, n'en négligent pas l'étude sur les lieux mêmes; ils
y trouveront sans doute une grande satisfaction.

Ce furent de véritables artistes qui, pénétrés des idées de leur temps, produisirent cette grande œuvre, et nos contemporains peuvent y reconnaître de sérieuses qualités et certaines idées vraies, sous le rapport de l'esthétique. Que la critique y trouve aussi parfois le moyen de s'exercer justement, même sur des points principaux, c'est notre avis; mais notre but est de rendre justice à une œuvre qui nous semble trop délaissée ou trop peu connue. Notre intention est de faire ressortir le grand mérite artistique, sinon du plus vaste, au moins du plus beau monument, peut-être, qu'on ait élevé dans le xviie siècle. Si cette manière de voir n'est pas généralement admise, cela ne tiendrait-il pas, non-seulement aux courants divers de l'art contemporain qui divisent les opinions, mais encore à la destination même du Val-de-Grâce, qui, d'abord monastère, a été transformé ensuite en hôpital militaire, d'où il est résulté que le public n'a jamais pu le visiter sans quelque difficulté ?

Nous jetterons d'abord les yeux sur son histoire. Nous le parcourrons, en cherchant à mettre le doigt sur les points où le génie de ses auteurs semble s'être le plus manifesté, nous verrons quelle est la part qui revient à chacun des artistes qui y ont travaillé, et nous dirons enfin ce que nous avons pu apprendre de la vie de chacun d'eux.

L'ÉGLISE ET LE MONASTÈRE

DU

VAL-DE-GRACE

I

Avant de gravir les marches qui précèdent le péristyle du Val-de-Grâce, on peut lire cette inscription, placée dans la frise de l'entablement :

JESU NASCENTI VIRGINIQUE MATRI.

A Jésus naissant et à la Vierge Mère.

inscription qui nous fait remonter aux origines du monument[1].

Dans ces mots est en effet exprimée l'idée tout entière qui a présidé à la conception et à l'exécution du noble édifice que nous avons sous les yeux.

Anne d'Autriche, fille de Philippe II, roi d'Espagne, mariée à l'âge de treize ans, en 1615, à Louis XIII, demanda

1. C'est Quinet, intendant des inscriptions des édifices royaux, qui fut chargé de composer celles placées dans le Val-de-Grâce. On a fait remarquer que cette dernière est irrégulière, parce qu'un temple ne peut être élevé qu'à Dieu, sous le vocable de la Sainte-Vierge ou d'un saint, et que par conséquent il aurait fallu dire : *A Jésus naissant, sous l'invocation de la Vierge Mère.*

au ciel pendant plus de vingt ans un héritier à la couronne
de France. « La reine était belle et vertueuse, et d'un âge
où ordinairement on ne s'occupe guère à fonder des monas-
tères, car elle n'avait pas encore dix-neuf ans accomplis.
Le favori[1] du roi Louis XIII son mari, qui le possédait absolument, répandit tant d'amertume sur la vie de cette princesse, qu'elle prit la résolution de faire bâtir ce monastère
pour s'y retirer quelquefois, et y trouver au pied de la croix
une paix et une satisfaction qu'elle ne trouvait point sur le
trône.[2] » Elle commença, le 1er juillet 1624, à faire élever un
bâtiment contigu à d'anciennes constructions dépendant de
l'hôtel du Petit-Bourbon qu'elle avait acheté, le 7 mai 1621,
pour la somme de 36,000 livres, afin d'y loger des religieuses
de l'ordre de Saint-Benoît, ce qu'elle avait d'ailleurs obtenu
par une bulle du pape Grégoire XV, datée du 16 mars 1623,
et confirmée par lettres patentes du Roi. Ces religieuses
venaient de l'abbaye du Val-de-Grâce de Notre-Dame de la
Crèche, située au Val-Profond, à trois lieues de Paris, et ainsi
désignée, depuis 1515, par lettres patentes de François Ier.[3]

L'hôtel du Petit-Bourbon, ancien fief de Valois, dont l'emplacement est occupé aujourd'hui par le Val-de-Grâce, avait
appartenu dans l'origine à Louise de Savoie, mère de François Ier,[4] qui en fit présent, en 1528, à Jean Chapelain, son
médecin. Plus tard la congrégation des prêtres de l'Oratoire
de Jésus-Christ, fondée en 1611 par messire Pierre de Bérulle,
cardinal, s'y installa. Félibien nous apprend que Denis
Leblanc, vicaire général de l'Évêque de Paris, bénit le nou-

1. Richelieu.
2. Hurtaut, *Dictionnaire historique de la ville de Paris*, tome II, page 121.
3. *Les Antiquitez de la ville de Paris*, par Claude Malingre, 1640.
4. Par suite de la confiscation des biens du connétable de Bourbon.

veau monastère sous le nom d'*Abbaye du Val-de-Grâce de Notre-Dame de la Crèche*. Bien que les religieuses y eussent été transférées dès le 20 septembre 1621, la première pierre d'un nouveau bâtiment n'y fut posée que le 1er juillet 1624.

De son côté, le roi Louis XIII, qui voyait son royaume florissant, désirait un fils pour assurer la succession de sa couronne et le bonheur de son peuple. Il avait une dévotion particulière pour Saint-Louis, son patron. Il jeta les yeux sur la maison professe de la rue Saint-Antoine, et, afin de voir ses vœux réalisés, il fonda, en 1627, le nouvel édifice connu sous le nom de Saint-Paul-Saint-Louis [1]. Ce fut pendant de fréquentes retraites au Val-de-Grâce que la Reine fit aussi le vœu d'élever à Dieu un temple magnifique, s'il lui accordait un fils. Sa pensée était tout entière fixée sur ce désir très-légitime. Son cœur de mère, autant peut-être que ses vues politiques, aurait trouvé une grande satisfaction à son accomplissement; et elle avait dans ce but séjourné avec le roi, en 1635, aux eaux minérales de Forges, réputées à cette époque, et demandé des prières à toutes les églises. Ce n'est pas ici le lieu de s'occuper de la situation particulière de la Reine vis-à-vis de son royal époux. Il nous suffira de constater un fait, de bien établir la pensée dominante qui a servi de base au programme donné aux artistes chargés d'ériger le Val-de-Grâce, et la manière dont cette pensée a été comprise et exprimée par eux.

Si, aujourd'hui encore, le peuple anglais, resté plus fidèle que d'autres peuples au principe de l'hérédité, est profondément ému, par exemple, à la simple nouvelle d'une

---

1. Il fut terminé trois ans après la naissance du Dauphin en 1641.

maladie du fils aîné de la Reine, cela peut nous servir à bien juger de l'anxiété de la France, il y a deux cent trente-cinq ans, lorsqu'elle attendait la naissance d'un Dauphin, et à comprendre l'importance que pouvait avoir en ce temps un pareil événement. La nécessité d'un pouvoir stable n'était pas alors mise en discussion, et cette stabilité devait laisser dans les esprits, il faut bien le reconnaître, toute préférence de régime à part, un calme que nos transformations politiques successives sont loin de nous donner.

« Sur le commencement de l'année 1638, la Reine aperçut qu'elle était enceinte, sans oser d'abord le déclarer, parce qu'il y avait plus de vingt-deux ans qu'elle attendait des fruits de son mariage; mais quand elle en eut des indices certains, elle témoigna au Roi le désir qu'elle avait d'implorer le secours du ciel pour attirer ses bénédictions sur l'enfant qu'elle portait. »

« Le Roi, pour seconder les pieux désirs de la Reine, mit sa personne et ses États sous la protection de la Sainte-Vierge, et, par une déclaration qui fut publiée dans toutes les provinces dépendantes de la Couronne; il choisit le jour de la fête de l'Assomption pour cette cérémonie, ordonnant que partout le royaume on fît des processions solennelles, où toutes les compagnies assisteraient en corps. Il célébra lui-mesme cette feste pour la première fois à Abbeville, où il se trouvait alors, et l'évêque de Nismes, Anthisme Denis de Cohon, prescha devant Sa Majesté et toute la cour, des motifs de cette cérémonie[1]. »

Un jeton fut frappé pour la circonstance, avec cette inscription d'un côté : GALLIA FUNDATA, *La France affermie*

[1]. Histoire du Roy Louis le Grand par les médailles, emblèmes, etc., par le Père A.-F. Menestrier. 2ᵉ éd., 1693.

Sur le revers est une petite chapelle en forme de ruche
avec un essaim d'abeilles; une abeille beaucoup plus grosse,
couronnée, est au milieu des autres. De ce côté on lit :
REGIS AD EXEMPLUM, *A l'exemple du Roi*.

Enfin. «... le cinquième jour de septembre, sur les onze
heures vingt-deux minutes avant midi, naquit au château
neuf de Saint-Germain-en-Laye, en présence des princesses
du sang et de Monsieur (Gaston, Jean-Baptiste de France,
duc d'Orléans, Frère unique du Roi), ce Dauphin qu'appe-
laient tant de vœux. »

Des dissentiments s'élevèrent parmi certains savants sur
l'heure exacte de la naissance du fils du Roi. « J. B. Morin
de Ville-Franche en Beaujolais, docteur en médecine et
professeur Royal des mathématiques en l'Université de
Paris, tira la nativité de cet enfant en comptant les jours
à la manière des astronomes, qui les supputent d'un midy
à l'autre; il posa cette naissance le 4e de septembre à
23 heures 15 minutes, le 5e jour astronomique ne devant
commencer que 45 minutes après, c'est-à-dire à midy. [1] »
Il revint encore sur son opération et mit cette naissance à
23 heures 11 minutes. Les anciens avaient consacré ce même
jour au soleil, d'où est venu ce symbole du soleil qui a
servi à représenter le roi Louis XIV.

Ne nous égarons pas davantage dans cet ordre d'idées,
que nous rappelons seulement ici, comme tout ce qui
précède, pour signaler l'intérêt qui dut s'attacher à la
naissance du Dauphin et s'étendre nécessairement sur l'édifice destiné à transmettre à la postérité l'expression si nette
encore à cette époque de la foi en Dieu et dans le grand
principe de l'autorité royale.

1. Le Père A.-F. Menestrier.

Cet événement eut aussi un grand retentissement au delà de nos frontières. Pierre Sarrasin, sculpteur du Roi, fit le modèle d'un enfant d'or représentant le Dauphin, et le Roi envoya M. de Chantelou le porter au pape pour le faire bénir et le donner ensuite aux religieux de l'église de Lorette.

Les vœux d'Anne d'Autriche, avons-nous dit, avaient été exaucés en 1638. Les événements se succédèrent avec rapidité : le ministre-roi, qui tenait l'épée et les finances, mourait en 1642,[1] et le Roi lui-même en 1643. La Reine allait pouvoir songer dès lors en toute liberté à remplir sa promesse.

Une médaille d'or du poids d'un marc trois onces fut frappée. Il en existe un exemplaire, de même métal, au Cabinet des médailles de la Bibliothèque nationale, et une épreuve en fonte de cuivre à la Monnaie.[2]

Elle représente, d'un côté, (Pl. I, fig. 1.) le jeune prince âgé de sept ans, entre les bras de la Reine sa mère; autour on lit :

ANNA DEI GRATIA
FRANCORUM ET NAVARRŒ REGINA RE R.
MATER LUDOVICI XIV DEI GRATIA
FRANCIŒ ET NAVARRŒ REGIS CHRISTIANISSIMI.

Anne, par la grâce de Dieu,
Reine régente de France et de Navarre,
Mère de Louis XIV, par la grâce de Dieu,
Roi très-chrétien de France et de Navarre.

1. En cette même année la Reine posait la première pierre de l'église de Nanterre, dédiée à Sainte-Geneviève, en commémoration de la naissance du Roi.

2. Nous avons obtenu de M. le directeur de cet établissement l'autorisation de l'estamper. Les dessins que nous en donnons sont faits d'après cet estampage par notre ami M. H. Potier, artiste peintre.

Sur le revers est représenté (Pl. I, fig 2.) le portail de
l'église avec ces mots :

OB GRATIAM DIU DESIDERATI REGII
ET SECUNDI PARTUS.
QUINTO CAL. SEPTEMBRIS 1638.

*Pour la naissance si longtemps
désirée du Roi et de son frère.
5 septembre 1638.*

Le monastère était consacré à Notre-Dame de la Crèche;
on voit que la médaille commémorative de la fondation
représente une mère tenant son enfant dans ses bras; ainsi,
quant au programme, il s'agissait bien d'un témoignage de
reconnaissance, d'élever un temple à Jésus dans sa crèche,
« à Jésus naissant et à la Vierge mère », et encore de transfor-
mer en ornements magnifiques les éléments qui avaient pu
composer une pauvre étable.

Quinze ans plus tard, Mignard, dans la peinture de
la coupole du Val-de-Grâce, montrait la Reine soutenue
par sainte Anne et présentant à saint Louis le modèle
du monument qu'elle avait offert à Dieu. Nous aurons à
revenir sur ce sujet en parlant de la fresque de la coupole.

Le 21 février 1645, on commençait les fouilles destinées
à recevoir les fondations de la nouvelle église. On trouva
des terres qui avaient été profondément remuées, et il fallut
descendre très-bas pour rencontrer une résistance suffisante.
Les terrains qui avoisinent le Val-de-Grâce sont composés
actuellement de trois ateliers de carrières superposés, dont

les ciels mêmes, en certains endroits, ont été arrachés ; tel
était à peu près déjà l'état du sol à l'époque où commen-
cèrent les travaux. François Blondel, dans son *Cours d'architecture*[1], dit qu'il fallut reprendre les fondements du Val-de-
Grâce, parce que sous les bancs de pierre sur lesquels ils
posaient, il y avait des *carrières creuses*. « Nous pouvons
même, » dit-il, « être souvent trompés par la disposition intérieure des terrains, et l'on ne sçauroit dire avec raison que
celuy qui a, par exemple, fondé les gros murs de l'église du
Val-de-Grâce, à Paris, ait fait faute, quoi qu'au bout de
quelque temps l'on se soit aperçu qu'ils s'affaissoeient par un
côté : parce qu'ayant pris toutes ses précautions pour asseoir
ses fondements sur le solide qui estait un banc de pierre
bien massif, il ne pouvait pas deviner qu'à quelques toises
au-dessous il y avoit de grands creux souterrains faits par des
carrières dont on avoit autrefois tiré la pierre ; il fallut donc
promptement aller à la sonde et creuser des puits qui découvri-
rent le mal, auquel on appliqua tout aussi-tost le remède, en
fondant des piles de bonne maçonnerie dans ces cavernes au-
dessous des murs du bâtiment. Et si par malheur à quelques
toises au-dessous du fond de ces cavernes il s'était rencon-
tré quelque terrain fluide et mauvais, qui avec le temps
causast de l'altération à cet édifice, je ne vois que l'architecte en dust être responsable ».

Un plan manuscrit et teinté de ces carrières, dont nous
donnons une réduction fort exacte (Pl. II), se trouve aux
Archives nationales. Il est sans date ni désignation, et paraît
fort ancien. Il indique, à l'échelle d'un centimètre pour un
mètre, les *masses* conservées et les consolidations faites pour
supporter les murs et autres points d'appui du monument.

---

1. Paris, 1683 ; 5ᵉ partie, page 650.

Le docteur Baudens[1] a pensé que ce plan était l'œuvre de Mansart. Tel n'est pas notre avis, parce qu'il indique la chapelle de la Vierge dans la forme adoptée plus tard par Le Mercier, qui modifia le plan de Mansart sur ce point, ainsi qu'on le verra plus loin; et d'ailleurs ce plan, comparé à celui de *Paris souterrain* dressé de nos jours par le service des ingénieurs des mines, lui est parfaitement conforme, ce qui n'aurait pas lieu s'il était le plan primitif, à cause des consolidations qu'il a fallu opérer ensuite dans le sous-sol et qu'on pourrait aujourd'hui constater d'après ce plan[2]. Dans tous les cas il a dû être dressé peu d'années après la construction, et il nous a paru intéressant de le reproduire, aussi bien pour en conserver l'image que pour montrer les difficultés extraordinaires en présence desquelles se sont trouvés les architectes.

Le 1er avril de la même année, Louis XIV, alors âgé de sept ans, posa la première pierre de l'église, et la médaille dont il a été question fut déposée dans les fondations. On fit de grands médaillons pour être mis aux côtés de l'inscription gravée sur cette pierre, et d'autres médailles furent distribuées. « C'est la première pierre[3] que Sa Majesté ait mise, la Reine régente sa mère, qui y était présente, l'ayant ainsi voulu, afin qu'un Roy enfant donnât commencement à ce lieu dédié à l'honneur d'un Dieu fait enfant qui est le Roy des Rois. »

« Le Roy se rendit au Val-de-Grâce, accompagné de Philippe de France, duc d'Orléans, son frère, âgé de cinq

1. *Discours prononcé en 1843 à la distribution des prix de l'Hôpital militaire, au Val-de-Grâce.*

2. Les chiffres arabes placés sur les masses conservées et les lettres romaines des consolidations se rapportent sans doute à quelque nomenclature relative à un service de construction ou de surveillance.

3. Lemaire, 1685. 11e vol, p. 313.

ans ; de la marquise de Seneçay, sa gouvernante; du comte
de Charost, capitaine des gardes; du duc de Saint-Simon,
son premier écuyer; des officiers de sa couronne et seigneurs
de sa cour, et d'une grande partie du régiment des gardes.

« Les mousquetaires, rangés sur une double haie, occupaient le haut de l'ouverture des fondations ; les Suisses
étaient dans la tranchée, sur les parois de laquelle régnaient
de magnifiques tapisseries du Louvre ; plusieurs tentes avaient
été dressées pour cette magnifique solennité; huit étaient
destinées aux religieuses; mais celles-ci, par esprit d'humi-
lité, préférèrent rester dans leur couvent. »

« Jean François de Gondi, archevêque de Paris, en ca-
mail et en rochet, avec l'étole, précédé des porte-croix et
porte-crosse, escorté d'un nombreux clergé, bénit la pierre
et les tranchées destinées aux fondations. La musique du Roy,
pendant la cérémonie, accompagnait le chant des chœurs. »

« Le Roy, que le duc de Saint-Simon tenait dans ses bras,
passa au milieu des gardes suivi de la Reine-mère, de
Monsieur et de tout son cortége. »

« Arrivé à l'endroit désigné, on lui donna une truelle
d'argent dont le manche était garni de velours bleu, et il
fit de bonne grâce tout ce que la régente lui avait dit... »

Ces fouilles béantes furent un moment, on vient de le voir,
revêtues des plus somptueux habits. Assurément si l'on fait
intervenir ici par la pensée, avec les tentes et les tapisseries
multicolores, les vêtements du clergé, les brillants costumes
civils et militaires de la cour et de l'armée, on comprendra
que ce spectacle dut être saisissant. Était-ce trop d'ailleurs
de ces richesses pour répondre à la pensée de la Reine, et
pour recevoir ce beau spécimen d'architecture si caractéris-
tique du siècle de Louis XIV ?

François Mansart, « le plus renommé de tous les architectes français », dit Germain Brice, « avait été choisi comme
le plus capable d'imaginer quelque chose de grand et
d'extraordinaire ». Il avait conçu le remarquable plan
d'ensemble que nous donnons ici (Pl. III). Il construisit
rapidement la vaste crypte placée au-dessous (Pl. IV), et fut
bientôt arrivé à la hauteur du pavé du péristyle au-dessus
duquel il posa les premières assises de l'église jusqu'à
environ trois mètres de hauteur. Mais les dépenses faites
jusqu'alors parurent considérables (ce qu'il était facile
cependant de justifier par l'état particulier du sol sur lequel
il avait fallu bâtir), et François Mansart, pénétré de son
sujet, ne voulait d'ailleurs rien changer à l'importance du
projet adopté. L'auteur de l'œuvre avait déclaré réso-
lûment qu'il entendait modifier et améliorer son projet pendant l'exécution s'il le trouvait nécessaire ; cette
attitude déplut grandement : on pensa que ce serait courir
trop de risques et que d'ailleurs ce qu'il y avait d'indécis
dans la situation ferait en outre perdre beaucoup de temps ;
le caractère peu souple de Mansart fut cause de sa perte.
Ce qui aurait dû être considéré plutôt comme une garantie
de succès, puisque l'artiste choisi témoignait par là de l'amour
qu'il avait de son art et de son œuvre, fut condamné ; de
sorte que, chose fort regrettable, on lui retira la direction
des travaux.

Jacques Le Mercier continua l'œuvre commencée, ce
qu'il fit toutefois, il faut bien le noter, d'après les dispositions générales du projet primitif de Mansart. A quoi bon
dès lors toutes ces rigueurs contre l'auteur du projet ?

Avant d'aller plus loin jetons un coup d'œil sur la
médaille placée dans les fondations, et particulièrement sur

la façade principale (Pl. I, fig. 2) qui nous montre le projet
de Mansart, que nous n'avons trouvé nulle autre part. En
effet cette façade diffère sous certains rapports du monument exécuté comme aussi des gravures anciennes, posté-
rieures cependant à Mansart, et qui prétendent exprimer
son projet : ainsi l'ordre du rez-de-chaussée du péristyle est
ionique sur la médaille, tandis qu'il est réellement corinthien; les ailerons de l'étage supérieur sont de forme concave et se terminent en bas par des figures, tandis qu'elles
sont en console renversée; les quatre angles situés à la hauteur du départ du dôme sont couronnés par des obélisques
empattés, et non par des lanternes à coupole; les chapelles
de la croisée sont d'égale saillie, et l'on sait que, dès l'origine, elles durent être inégales; mais cela a été fait certainement pour la symétrie de la médaille; enfin la décoration
du mur de la façade qui cache une partie de ces chapelles
est aussi plus simple que celle qui existe aujourd'hui [1].

Le Mercier éleva les murs de l'édifice depuis le point où
Mansart les avait laissés jusqu'à la hauteur de la corniche
de la nef; il y était arrivé en 1651; il avait modifié les
plans en ajoutant la chapelle située au delà du maître-autel,
dite chapelle du Saint-Sacrement. Nous ignorons quelle
était exactement la forme du plan conçu par Mansart;
Germain Brice, qui parle de cette modification, ne nous
éclaire pas sur ce point.

1. Une autre médaille gravée par Molart, portant par erreur la date
du 5 septembre 1538, et dont le coin est à la Monnaie, représente d'un côté
Louis XIII, et de l'autre la façade *actuelle* du Val-de-Grâce (qui est d'une
grande exactitude) avec cette inscription :

Ob gratiam diu desiderati regii partus.

Nous ne savons dans quelle occasion, ni à quelle époque, cette médaille a été
frappée.

A cette époque les guerres civiles avaient jeté le trouble dans les finances et il fallut arrêter les travaux. En effet, le parti puissant qui s'était formé sous le nom de la Fronde répondit à Mazarin, qui l'avait froissé par l'arrestation de deux membres du parlement, en faisant élever des barricades dans Paris. La Reine se retira à Saint-Germain avec le jeune Roi. Bien qu'au fond ces troubles ne fussent qu'une lutte d'amour-propre, ils durèrent assez longtemps pour que les travaux du Val-de-Grâce ne pussent être repris qu'après la majorité du Roi, en 1654. Les cinq mois d'exil du Cardinal, la haine acharnée de ses ennemis qui abusaient de la faiblesse d'Anne d'Autriche, eurent sans doute une influence sur la marche des travaux comme sur la façon dont ils furent dirigés, et nous ne savons trop si le choix des architectes répondait également aux vues de la Reine et à celles de ses conseillers. Toujours est-il qu'en cette année 1654, nous voyons apparaître le nom d'un nouvel architecte, Pierre Le Muet, auquel on donna la direction générale des travaux.

Il faut dire que le remplacement de Le Mercier s'explique naturellement, car sa mort arriva avant le mois de juin 1654, quoique G. Brice et les écrivains qui l'ont suivi le fassent vivre jusqu'en 1660. Nous en trouvons la preuve, d'une part, dans l'acte de décès de sa femme, daté du 5 juin 1654, indiquant qu'elle mourut veuve [1], et, d'un autre côté, dans le *Livre des dépenses de la Reine Anne d'Autriche* [2], où on lit :

« A Allix de Champeaux, veuve de feu Pierre Marigny, bourgeois de Paris, mère de la veuve de feu sr Le Mercier,

---

1. Voir cet acte cité plus loin dans la vie de Le Mercier.
2. Bibl. natᵉ, man. supplém. français, n° 1925.

vivant architecte des bastiments du Roy, et tutrice des
enfants du sieur Le Mercier, la somme de 1500[l.] tournois
sur et tant moings de ce qui est dû aud. feu s[r] Le Mercier
des appointements à lui accordez par Sa Maj., par son
brevet du 19e j[r] d'octobre 1646, tant à cause du service
qu'il a rendu à la construction de l'église du Val-de-Grâce
qu'en considération de ce qu'elle a remis ès mains du s[r] Le
Muet, aussy arch[te] des Bast[ts] du Roy, tous les plans, des-
sings et mémoires qui ont été faits par led. s[r] Le Mercier
touchant ladite église. Somme reçue le *18 janvier 1655.* »

Combien seraient précieuses pour nous ces pièces
égarées !

Le Muet n'était pas étranger aux travaux du Val-de-
Grâce. Il en est question en effet, dès l'année 1645, dans
le livre de dépenses de la Reine : le 5 mars de cette même
année il recevait un brevet d'après lequel il devait toucher
des appointements de trois mille livres tournois[1].

A l'âge de cinquante-quatre ans, il avait été appelé à
seconder Mansart et à conduire les travaux de construction
proprement dite, quelques jours après le 11 février où avaient
eu lieu les premières fouilles, peut-être à cause de ses
grandes connaissances pratiques et des difficultés maté-
rielles qui se présentaient. Il avait déjà donné des preuves
de son expérience, notamment dans des constructions
militaires. Dix ans après, il touchait encore son traite-
ment, de sorte qu'il était resté successivement attaché à

---

1. « Au Sieur Le Muet, architecte des bastiments du Roy, la somme de 3000 liv.
« tourn. pour les appointements qu'il plaist à Sad. Majesté luy accorder pour
« chacun an durant le temps qu'il vacquera à la conduite du d. bastiment de
« l'esglise du Val-de-Grâce, et ce, par brevet du 5 mars 1645, pour une année
« commencée le 1er jour de janvier 1655 et finissant le dernier jour de décembre
« ensuivant au dit an. »

Mansart et à Le Mercier, comme conducteur de travaux, et il devenait lui-même, nous l'avons dit, en 1654, architecte en chef de l'œuvre.

Il faut admettre cependant que l'on reconnut, sous certains rapports, l'insuffisance de Le Muet, puisqu'on lui adjoignit Gabriel Le Duc, dont la réputation était déjà bien établie par les études sérieuses qu'il avait faites à Rome, d'où il arrivait. Le mérite de ce collaborateur dut être considéré comme supérieur à celui de Le Muet, car si les deux architectes avaient repris ensemble les travaux à partir de la corniche de la nef, Le Duc, bientôt seul, acheva, sur ses propres dessins, ce qui restait à bâtir de l'église ; il construisit le portail dessiné par son prédécesseur, et il fit le dôme, les tourelles et les bâtiments qui environnent la cour au-devant de l'église, ainsi que la grille qui les sépare de la rue Saint-Jacques[1].

A partir de 1658, il n'est plus question de Le Muet, dont la mort n'arriva qu'en 1669, époque où les travaux étaient terminés depuis longtemps.

Malgré ce qui vient d'être dit, n'oublions pas que les dispositions générales de l'église et du monastère, de François Mansart, furent respectées par les différents architectes qui lui succédèrent. Nous reviendrons sur les quelques modifications de détail que les plans primitifs eurent néanmoins à subir.

Pendant que s'élevait l'église du Val-de-Grâce, le chœur des religieuses avait été achevé, et les constructions du monastère étaient entreprises. La première pierre du cloître fut posée le 27 avril 1655, par Philippe de France, duc d'Or-

---

1. Dans cette cour a été placée, en 1850, la statue en bronze du baron Larrey, fondue en 1846 ; c'est l'une des œuvres les plus défectueuses du statuaire David d'Angers.

léans, sous le pilier de l'angle du côté des terres en labour dépendant des Capucins, c'est-à-dire celui situé au sud-est.

Une grande place demi-circulaire, avec une fontaine au milieu, avait été également projetée par Mansart en avant de la cour principale de l'église, de l'autre côté de la rue Saint-Jacques, ainsi que l'indiquent d'anciennes gravures; mais ce projet ne reçut jamais d'exécution. L'architecture des deux pavillons réunis par la grande grille d'entrée devait être reproduite tout autour de la place.

La frise au-dessus des pendentifs de la coupole n'existant pas encore en 1651, ce ne fut probablement que vers la fin des travaux qu'on y rapporta l'inscription suivante, en lettres de bronze doré, qui rappelle les sérieux obstacles qu'avait dû vaincre la fondatrice, dans l'origine, pour arriver à son but :

ANNA AUSTRIA D. G. FRANCOR.
REGNIQ. RECTRIX CVI SUBJECIT DEUS
OMNES HOSTES UT CONDERET DOMUM
IN NOMINE SUO. A. M. D. C. L.

Anne d'Autriche par la grâce de Dieu Reine de France et Régente du Royaume. Dieu a réduit sous son obéissance tous ses ennemis afin qu'elle édifiât un temple en son honneur. Année 1650.

La Reine, on le voit, voulait laisser sur le monument de sa prédilection une trace éclatante de sa victoire.

Cette princesse avait eu le projet de se faire bâtir un logement au Val-de-Grâce, séparé du corps des bâtiments du monastère; mais, considérant que les cloîtres n'étaient pas achevés, elle résolut d'y consacrer l'argent que son logement aurait pu coûter, et se fit disposer un appartement à l'encoignure du cloître au nord-est, en face du jardin. Le côté de cette encoignure qui regarde l'église est flanqué d'un pavillon plus petit, à colonnes doriques, ornées de bossages et surmontées d'un étage ; c'était l'entrée de l'appartement de la Reine qui était resté jusqu'à la révolution tel qu'elle l'avait laissé à sa mort, avec ses boiseries sculptées, son ameublement, son prie-Dieu, son crucifix et plusieurs précieuses reliques. Tout a disparu. La pièce d'entrée, désignée actuellement sous le nom de salon d'Anne d'Autriche, a été restaurée par les ordres du ministre de la Guerre en 1869, et meublée par l'administration du Mobilier de la Couronne. [1] On y a retrouvé un fragment de l'ancienne cheminée (fig. 1) qui a servi à reconstruire celle qu'on y voit aujourd'hui. Le portrait de la Reine qu'on y a placé à cette époque est une copie, faite par Mme Roussel, d'après celui de Simon Voüet conservé au musée de Versailles.

Fig. 1. (à 0,10 p. m.)

« Anne d'Autriche visitait souvent l'abbaye du Val-de-Grâce. Elle y couchait ordinairement depuis la veille de Noël jusqu'au jour des Saints-Innocents, à la Purification de Notre-Dame, au dimanche des Rameaux, depuis le Jeudi-Saint jusqu'au samedi suivant, à l'Assomption de la Sainte-Vierge, à la Toussaint et

1. Elle était alors dirigée par M. Williamson. Des meubles et des étoffes spéciales ont été fabriquées pour ce salon, d'après nos dessins. C'est dans cette pièce que sont reçus les souverains et les personnages de distinction qui viennent visiter l'hôpital.

en d'autres occasions. Depuis le commencement de sa
régence jusqu'à sa mort elle y a passé cent quarante-six
nuits, et elle y est entrée cinq cent trente-sept fois. »

« Il n'est pas douteux que si la Reine eût toujours habité
Paris, le nombre de ses visites eût été beaucoup plus
grand. »

« Jamais elle ne quittait la capitale sans aller voir auparavant ses filles chéries du Val-de-Grâce pour en prendre
congé; elle était en correspondance assez suivie avec la
mère abbesse; et cette correspondance, écrite de sa main,
était conservée dans les archives du couvent. Les personnes
de marque, désireuses de faire leur cour à la Reine-mère,
ne manquaient pas, en arrivant à Paris, d'aller incognito,
faire leur première visite au monastère du Val-de-Grâce. »

« C'est ainsi que le 29 janvier 1660, avant de faire son
entrée à Paris, la reine Marie-Thérèse d'Autriche s'était arrêtée au faubourg Saint-Jacques et s'était rendue sans suite au
Val-de-Grâce. Marie-Henriette de France, reine d'Angleterre, y avait conduit le roi son fils, le 26 novembre 1651,
accompagné du duc d'York. La princesse d'Orange, fille
aînée d'Angleterre, la reine Christine de Suède et Marie de
Gonzague y ont été reçues en cérémonie par l'ordre de la
Reine. On sait qu'elle y introduisit elle-même le feu duc de
Lorraine et don Juan d'Autriche, le 9 mars 1659, pour trai-
ter secrètement du mariage de Louis XIV avec l'infante
d'Espagne[1]. »

A propos de visites à la royale abbaye, mentionnons ici
celle d'une autre sorte, faite, dit-on, par Louis XIV à mademoiselle de La Vallière qui s'y serait retirée pendant quelque

---

1. Germain Brice.

temps avant d'entrer aux Carmélites de la rue Saint-Jacques. On montre deux portes, *l* et *n* (Pl. III), entre lesquelles elle se serait réfugiée pour échapper aux recherches et aux poursuites du Roi; mais rien ne fixe le fait ni le lieu d'une façon positive.

En 1662, les travaux étaient assez avancés pour que, le 29 janvier, J.-B. de Conti, doyen de l'église de Paris, conseiller ordinaire du Roi en ses Conseils d'État et privés, assisté d'un nombreux clergé, et en grande pompe, pût bénir le chœur, l'avant-chœur et la tribune qui est au-dessus de l'avant-chœur, pour servir à dire matines.[1] La chapelle était revêtue de tapisseries de satin de Chine, ornées de bordures de brocatelle faites exprès. On dépensa 20,000 livres dans cette circonstance. La Reine-mère assista, dit-on, à cette cérémonie avec une grande dévotion et un bonheur indicible.

C'est après vingt années de travaux, en 1665, que l'église et le monastère furent complétement terminés.[2]

Le 21 mars de cette même année on dressa un autel dans la chapelle Sainte-Anne, située à gauche du dôme, et où furent transportés le tabernacle et tous les ornements qui avaient décoré le chœur des religieuses. Jean Gosselin, confesseur du monastère, bénit cette chapelle, et messire Hardouin de Perefix de Beaumont, archevêque de Paris, célébra la première messe basse en présence de la Reine fondatrice, à qui il donna la communion.

---

1. Il s'agit ici de la chapelle Saint-Louis, à droite du dôme, qui était destinée aux religieuses.

2. La tour du Dôme était élevée depuis déjà au moins cinq ans, car on lit à la partie supérieure du mur de l'escalier, dans l'intérieur, ces mots grossièrement gravés : PIERRE FOURNIER. 1660. — S. BAUCOURT. 1660.

La Reine-mère resta également à la deuxième messe qui fut dite par messire François Faure, évêque d'Amiens. Il y eut un grand nombre de princesses et de dames de la cour qui y assistèrent, entre autres mademoiselle Louise d'Orléans de Montpensier, la princesse de Conti, la duchesse de Vendôme, la comtesse d'Arcourt, mademoiselle de Guise, mademoiselle d'Elbœuf, la comtesse de Wurtemberg, la duchesse d'Aiguillon et beaucoup d'autres dames de qualité. Messire Guillaume Leboux, évêque de Dax, prononça le sermon. Invité par la Reine à s'abstenir de tout éloge à son endroit, il déclara que s'il devait se taire, les pierres et les bas-reliefs du temple parleraient pour lui, et transmettraient, beaucoup mieux que ses paroles, la piété et les vertus de la Reine fondatrice à la postérité la plus reculée[1].

A partir de cette époque le service religieux fut continué sans interruption dans l'église du Val-de-Grâce. Cependant elle n'était pas encore consacrée.

Le maître-autel et son baldaquin étaient-ils construits en 1665? Il existe une ancienne gravure qui les représente, faite, dit le titre placé au bas de la planche, sur les dessins de F. Mansart, et datée de 17... Les deux derniers chiffres manquent. Mansart, en 1700, était mort depuis trente-quatre ans, et Gabriel Le Duc ayant été chargé d'exécuter le maître-autel sur ses propres dessins, on n'aperçoit pas bien dans quel intérêt cette gravure a été publiée; on ne voit pas davantage le motif pour lequel la date est restée incomplète. Le

---

1. M. L'abbé H. de Bertrand de Beuvron, premier aumônier de l'hôpital militaire du Val-de-Grâce, a écrit, en 1865, une Notice sur cet ancien monastère, réimprimée en 1873, et dans laquelle il rapporte la cérémonie de la bénédiction de l'église ainsi que d'autres détails fort intéressants sur l'histoire de l'édifice et sur l'édifice lui-même.

maître-autel ni le baldaquin n'y sont d'ailleurs tout à fait conformes à ceux qui ont été exécutés par Gabriel Le Duc, non plus qu'à ceux figurés sur d'autres gravures anciennes, également inexactes, bien que l'idée générale de toutes ces compositions soit un peu la même[1].

Il y avait sur ce maître-autel un groupe de marbre composé de trois figures : la Sainte-Vierge, Saint-Joseph et l'Enfant-Jésus, représentant la Nativité. Il a toujours passé avec raison pour le chef-d'œuvre du statuaire François Anguier. On en fit depuis plusieurs imitations ; nous en connaissons deux : l'une, pour l'église Sainte-Trinité, ancienne Abbaye-aux-Dames à Caen, l'autre, pour l'ancienne Abbaye-du-Bec (Eure). Aucun de ces ouvrages n'a été conservé dans le lieu pour lequel il avait été fait. Le groupe du Val-de-Grâce est à l'église Saint-Roch à Paris ; celui de de l'Abbaye-aux-Dames a été placé, en 1792, à l'église Notre-Dame, dite la Gloriette, à Caen, et celui de l'Abbaye-du-Bec, dans l'église Sainte-Croix de Bernay. Le baldaquin qui recouvre ce dernier a été élevé vers 1683 par G. de la Tremblaye, frère convers de cette abbaye.

La consécration de l'église du Val-de-Grâce eut lieu définitivement au commencement du XVIIIe siècle ainsi qu'il est dit dans une inscription gravée dans l'embrasure de la fenêtre au-dessus de la porte de la sacristie et qui est ainsi conçue :

Cette église a été consacrée par Mre François René de Bauvau, évêque de Tournay, le 29 de septembre 1710.

La Reine-mère était morte le 20 janvier 1666, la même année que le grand artiste qui avait conçu les plans d'en-

---

1. La hauteur de ce baldaquin est de 19[m],30 ; celle de Saint-Pierre du Vatican est de 28[m].

semble de l'abbaye royale. Sa mort plongea la France entière dans le deuil.

« Cette femme qui pendant sa vie, » dit M. l'abbé de Beuvron, « avait été en butte à tant d'accusations injustes, dont l'autorité avait été méconnue et la majesté outragée par les factions qui se disputaient le pouvoir, était l'objet de regrets universels et d'une vénération générale... Nulle part la douleur ne fut aussi profonde qu'au Val-de-Grâce. Le monastère, en effet, ne perdait pas seulement une souveraine, c'était une mère qui lui était enlevée... »

La Reine avait fait au monastère de nombreux présents d'orfèvrerie et donné des reliques d'une grande valeur et provenant de sources authentiques : on en comptait jusqu'à trois cents. Parmi ces présents on remarquait un ostensoir, dit *grand soleil,* d'or émaillé de couleurs de feu et garni de diamants; il avait coûté sept années de travail et quinze mille francs de façon. Elle y envoya la chemise et les gants du Roi afin qu'ils y fussent brûlés : la coutume l'exigeait dans la crainte que des fragments des Saintes Huiles qui s'y seraient attachées ne fussent profanées.

Elle donna aussi à l'abbaye le privilége de recevoir et de conserver la première chaussure des princes du sang, et enfin celui plus précieux encore de garder en dépôt le cœur des princes et princesses de la famille royale.

On possède aux Archives nationales une *Déclaration des biens mobiliers et immobiliers du 27 février 1790* par devant Jean Louis Le Couteulx de la Noraye, lieutenant du Maire au département du Domaine de la Ville de Paris, qui dit que, dans la galerie, « il est conservé avec respect le marteau et « la truelle dont s'est servi Louis XIV pour poser la première « pierre de cet édifice, la chemise de son sacre, le bonnet

« de nuit de Monsieur, son frère, les premiers bas et souliers
« de la famille royale, le premier bonnet de Monseigneur le
« duc de Normandie, à présent notre précieux Dauphin, l'es-
« poir du peuple français. »

Une maladie grave de Madame, fille aînée du Roi, avait
donné lieu à l'usage de déposer le cœur des princes et princesses du sang au Val-de-Grâce.

L'abbesse de la communauté, la révérende mère Dufour
de Saint-Bernard, et la révérende mère Marie de Bourges
de Saint-Benoît, qui/avait été la deuxième abbesse élective,
avaient supplié la Reine-mère, dans le cas où la princesse
succomberait, de vouloir bien faire déposer son cœur
au milieu des religieuses. Madame étant venue à mourir,
Louis XIV consentit à cette demande, et, depuis cette
époque, les cœurs des princes[1] et princesses de la famille
royale furent déposés dans le caveau situé au-dessous de la
chapelle Sainte-Anne et qui a son entrée par une ouverture
pratiquée dans le pavé de la chapelle.

« Celle-ci était tendue de drap noir depuis la voûte
jusqu'en bas avec trois lés de velours chargés d'écussons
aux armes de la feue Reine-mère; au milieu est une estrade
de trois degrés environnés d'une balustrade sur laquelle est

---

1. Celui du roi avait été déposé, en 1643, à l'église des Jésuites de la rue Saint-Antoine, dans un cœur en vermeil soutenu par deux anges en argent, de grandeur naturelle, suspendus sous le cintre d'une arcade de l'une des chapelles près du maître-autel; ce fut l'œuvre de Jacques Sarrasin. En 1720, Philippe d'Orléans, régent du royaume, fit faire un monument en tout semblable à ce dernier, pour le prix de 600,000 livres, à l'entrée de la chapelle située vis-à-vis de celle dont il vient d'être question, et dans lequel on déposa le cœur de Louis XIV; ces deux anges pesaient 475 marcs d'argent. Ces divers objets furent portés, en 1793, au musée des Petits-Augustins et transportés ensuite au musée du Louvre; on ignore ce qu'ils sont devenus depuis cette époque.

4

un tombeau en manière de représentation, composé de plusieurs petites laïettes séparées, garnies au dedans, les unes de velours noir, les autres de satin blanc, où chaque cœur est renfermé à part[1]; le tombeau est couvert d'un poële de velours noir, croisé de moire d'argent, bordé d'hermine, avec les armes de la Reine-mère en broderie au-dessus duquel il y a un lit à pentes de même étoffe à crépines d'argent avec de semblables armes[2]. »

Le cœur d'Anne d'Autriche y fut transféré le 22 janvier 1666. Lemaire (page 350) décrit toutes ces translations d'une façon très-détaillée.

Ces cœurs, qui en 1792 étaient au nombre de quarante-cinq, ont subi le sort des corps des rois déposés à Saint-Denis, les cendres en ont été jetées au vent. Les boîtes en vermeil qui les contenaient furent envoyées à la Monnaie pour y être fondues. Les dispositions qu'on avait préparées dans le caveau existent encore aujourd'hui. On remarque dans une armoire de marbre fermée par une grille de fer, celui de « Damoiselle Marie Damby, Angloise », et celui du baron Larrey, médecin en chef des armées de l'empereur Napoléon Ier, décédé le 25 juillet 1842.

La fondatrice de l'abbaye royale du Val-de-Grâce ne s'en tint pas aux grandes et belles constructions que nous admirons, et aux nombreux et magnifiques ornements mobiliers dont une partie existait encore lors de la grande révolution. Elle voulut pourvoir à l'entretien de l'église et du couvent en obtenant du Roi l'union de la mense abbatiale des Saints

---

1. Ils étaient embaumés dans un cœur de plomb contenu dans un autre cœur de vermeil surmonté d'une couronne de même métal.

2. Lemaire, p. 338 et suivantes.

Corneille et Cyprien de Compiègne, au Val-de-Grâce; ce qui augmenta considérablement les revenus du monastère.

De ce qui précède ressort avec évidence la preuve du grand attachement qu'avait la Reine pour son abbaye, et qui serait démontré d'une façon plus intéressante encore si l'on avait conservé les nombreuses lettres qu'elle écrivait de sa main à la mère abbesse, comme nous l'avons dit plus haut.

Le roi Louis XIII lui-même donna, en diverses circonstances, à cette fondation, des marques d'un pieux et vif intérêt.

Par lettres patentes accordées en mars 1644, enregistrées au parlement le 16 juillet suivant, l'abbesse et les religieuses du Val-de-Grâce reçurent les armes écartelées de France et d'Autriche avec couronne fermée. Le roi Louis XIV disait : « ...leur permettons d'élever en sculpture de pierre ou de marbre l'écu des dites armes, ou les faire peindre et placer en tels endroits de leur église, au dedans comme au dehors de leur monastère, partout où bon leur semblera... à ce qu'elles puissent toujours se souvenir de la bonne volonté que nous leur avons témoignée en toute occasion[1]... »

Il existe quelques documents sur les dépenses qui ont été faites pour ériger les constructions du Val-de-Grâce. Dans les *notes* des *Mémoires complets et authentiques du duc de Saint-Simon*[2], il est dit : « Cet édifice que la feue Reine-mère a fait bâtir est superbe et magnifique en toutes ses parties. Il revient à trois millions; mais il n'en a été pris sur les fonds des bâtiments que 370,000 livres dans les années ci-après nommées, savoir :

1. On voit dans les pendentifs du Dôme les armoiries de la Reine, alternées avec celles de l'Abbaye, exécutées en pierre blanche analogue à celle de Tonnerre.
2. 1857. Tome XII, page 526.

Années 1666 — 314,600 livres   7 sols 2 deniers.
  »   1667 — 30,571   »   11 » 9   »
  »   1670 —   6,000   »   »   »   »
Années 1681 — 10,400 livres   » sols » deniers.
  »   1682 —   8,711   »   13 » 10   »
Somme totale — 370,283 livres 12 sols 9 deniers.

« Il a encore été fait quelques dépenses depuis peu
d'années pour revêtir de marbre le caveau des reines,
destiné pour recevoir leur cœur et leurs entrailles. »

Cette dépense de 370,283 livres a été faite sous Colbert,
de 1664 à 1690.

Elle comprend sans doute la somme de 130,000 francs,
payée de 1666 à 1669, en neuf à-comptes, à Gabriel Le
Duc et à Antoine du Val Broutil, *entrepreneurs des bastiments
du Val-de-Grâce* [1].

Dans le testament de la Reine, daté de 1665, il est dit
qu'on a dépensé cette même année 200,000 livres, et en 1666,
année de sa mort, une pareille somme de 200,000 livres.

Quant aux trois millions annoncés par le duc de Saint-
Simon, et quoique l'argent ait beaucoup diminué de valeur
depuis cette époque, ils doivent être encore bien au-
dessous de la réalité.

En 1719, un terrible ouragan fit de grands ravages aux
toitures du Val-de-Grâce, ainsi que le fait voir une requête
adressée au Régent par les religieuses, et dont voici le
libellé :

« A Son Altesse Royalle Monseigneur le Duc Dorléans,
« Régent du Royaume.

« Les Abbesse, Prieure et Religieuses de l'Abbaye

---

1. Arch. nat., carton 1038, déjà cité.

« Royalle du Val-de-grâce Remôntrent très humblement à
« Vôtre Altesse Royalle qu'il leur est impossible, à cause
« de leur peu de revenu de suporter la depense à faire
« à leurs bâtimens provenant du dégat du grand vent arrivé
« le 17 janvier 1719, dont les reparations monteront à la
« somme de 4900 #, suivant l'estat et estimãon cy joint.
« Le Roy Louis 14 persuadé qu'elles n'estoient pas suffi-
« samment fondées a toujours eu la bonté de leur faire faire
« les dittes réparãons ou de leur accorder des gratiffi-
« cãons extraord^res dans de semblables occasions. Elles
« ozent espérer la mesme grace de Votre Altesse Royalle
« qui connoist leurs pressans besoins et continuront leurs
« vœux et prières pour la conservation du Roy de Vôtre
« Auguste personne et de toute la famille Royalle. »

Au-dessous est écrit : « Bon pour 5000 # de gr. » P.

A cette pièce, signée de l'initiale P et du paraphe de
Philippe d'Orléans, est joint un devis ayant pour titre :
« Estat des réparations à faire aux combles et vitraux de
« l'église et du couvent du Val de Grâce causé par les
« grands vents du 17 janv. 1719[1]. »

Malgré que la communauté fût riche, les religieuses, qui
suivaient la règle réformée de Saint-Benoît, menaient une
vie très-austère. Les bâtiments étaient vastes, somptueux,
mais le mobilier était modeste. Dans le réfectoire, en effet,
il n'y avait que de la vaisselle de terre et des cuillers de
bois. Chaque cellule renfermait trois planches, une pail-

---

1. Le devis et la pièce qui précède, inédits, appartiennent à notre confrère
M. Victor Bouvrain, qui a bien voulu nous autoriser à les publier ici. Le devis
est intéressant en ce qu'il fait savoir que des armoiries existaient dans les vitraux
et qu'il donne des prix de matériaux à cette époque. Il est reproduit *in extenso*
aux *Pièces justificatives* (A).

lasse, des draps de serge, un oreiller de laine, des couvertures, un prie-Dieu, un crucifix, une chaise, trois images; la cellule de la mère abbesse était meublée de la même façon. Il n'y avait que quatre vieilles cuillers d'argent, fort minces et bossuées, qui ne servaient qu'à l'infirmerie; une casserole d'argent, indispensable à la pharmacie pour certains remèdes, n'était autre que la vieille bassinoire d'Anne d'Autriche. La basse-cour se composait de trois vaches, un cochon, deux cents poules et plusieurs paires de pigeons.

La bibliothèque contenait 2,850 volumes.

En 1790 il y avait encore à l'abbaye seize religieuses de chœur, cinq sœurs converses et deux novices.

L'inventaire des meubles et immeubles de l'abbaye, dressé le 27 février de cette même année, constate que ses revenus montaient à 79,058 francs 10 sous et 6 deniers et les charges à 35,222 francs[1].

La grande révolution du dernier siècle supprima complétement l'administration religieuse du Val-de-Grâce. L'hospice de la Maternité y fut installé pour peu de temps[2] et le 3 juillet 1793 la Convention nationale décrétait ce qui suit :

« La Convention nationale, ouï son comité d'aliénation, autorise le ministre de la guerre à faire servir la maison nationale du Val-de-Grâce à un hôpital militaire, et charge la régie nationale de faire préalablement constater les lieux contradictoirement avec les agents du ministère. »

Divers ornements de l'église furent enlevés dans un but

---

1. Voir aux Archives nationales : monuments ecclésiastiques, carton 1038.
2. Décret du 7 ventôse an XII, qui consacra les bâtiments du Val-de-Grâce à un hospice pour les enfants de la patrie et les couches des femmes indigentes.

de conservation. Le groupe en marbre de la *Nativité*, de François Anguier, placé sur le maître-autel, et le bas-relief de bronze qui ornait le devant de cet autel, furent transportés au Musée des Petits-Augustins, qui venait d'être installé par Alex. Lenoir[1]. L'église fut transformée en magasin central des hôpitaux. De là ont été expédiés les milliers de ballots de linge et de charpie destinés à panser les blessés des glorieux champs de bataille de la République et de l'Empire. En 1792 nos armées avaient remporté la victoire de Fleurus qui débarrassait la France de l'étranger. Le ballon qui avait servi à épier les mouvements de l'ennemi fut rapporté dans l'église du Val-de-Grâce où il resta suspendu à la coupole pendant de longues années.

Les soldats malades furent reçus au Val-de-Grâce seulement à partir de 1814. Des bâtiments nouveaux y furent élevés en 1838[2].

C'est en 1827 que l'église fut rendue au culte.

Il existe plusieurs gravures anciennes du monastère et de l'église du Val-de-Grâce, celles de Marot sont les plus remarquables.

Quant aux plans manuscrits qui sont conservés aux Archives nationales, et que le docteur Baudens attribue à Mansart, nous ne pensons pas, nous l'avons dit, qu'ils re montent aussi loin. L'un d'eux est un plan général du monastère, à l'échelle de deux millimètres pour mètre environ, sans date, indiquant les jardins, et qui paraît remonter au moins au règne de Louis XV; car les terrains qui bordent la rue Saint-Jacques, occupés par des maisons depuis cette époque,

---

1. Par suite de l'initiative qu'avait prise le philanthrope la Rochefoucault, président du Comité d'aliénation, en vertu d'un décret de l'Assemblée nationale.
2. *Étude sur les hôpitaux*, par M. Armand Husson, 1862.

y sont indiqués comme des emplacements à bâtir. Il offre de l'intérêt en ce qu'il fait connaître la destination primitive des différentes salles de l'abbaye. Il montre encore les dessins adoptés pour les jardins, et dont les tracés en verdure représentaient par endroits des fleurs de lis. La vignette placée à la fin de ce chapitre (fig. 3) fait voir un compartiment, partie d'un carré, de l'un de ces tracés, qui sont très-bien exprimés, d'ailleurs, dans les vues perspectives qu'en donne Israël Silvestre.

Depuis 1827 nous n'avons à citer que peu de faits se rattachant à l'histoire du Val-de-Grâce.

Il en est un cependant qui est fort important parce qu'il a eu pour résultat d'apporter un changement à l'œuvre des architectes primitifs : nous voulons parler de la reconstruction en fer du dôme qui fut terminée en 1865. Les bois très-nombreux qui le composaient ayant souffert, paraît-il, on voulut les remplacer par une matière plus durable. Rondelèt, dans son *Traité de l'art de bâtir,* a donné les dessins de la disposition de cette charpente ; nous doutons de leur parfaite exactitude quant aux proportions générales. Cependant nous reproduisons d'après eux une coupe (Pl. V, fig. 1) et deux plans pris à deux hauteurs différentes (Pl. VI, fig. 1 et 2). Le système en fer qui a remplacé celui en bois (Pl. V, fig. 2.) et (Pl. VI, fig. 3) a certainement l'avantage d'être plus simple, moins lourd et incombustible, mais la dilatation des fermes en tôle qui le composent doit être très-sensible en même temps que très-inégale ; leur pied est, il est vrai, garni de sabots graissés d'huile dans lesquels elles peuvent agir aujourd'hui librement. Mais, privées de tout système d'enrayure, et plus tard peut-être d'entretien, n est-il pas à craindre qu'elles aient, par la suite, une fâcheuse action sur les maçonneries qui les supportent.

Une inscription placée sur la paroi intérieure du mur de l'attique relate ce qui suit :

1862-1863. *Restauration des Maçonneries extérieures et Sculptures de la Nef, des Tambours du Dôme et de la Coupole.*

1864. *Reconstruction incomplète du Dôme.*

1865. *Achèvement de la reconstruction des Maçonneries extérieures du Chevet et de ses Sculptures.*

Darodes, chef de bataillon du Génie[1].

Ce fut vers la même époque (1863) que l'on fit une découverte dans l'ancien cimetière placé au Sud du pavillon Sud-Est et dont le milieu en était distant d'environ cinquante mètres : lors de la construction du mur de clôture qui sépare les jardins de l'hôpital des cours de l'École de chirurgie, on y retrouva environ quinze petites dalles de cinquante centimètres carrés, qui ont été employées depuis au pavage des galeries du cloître et dont les inscriptions sont à demi effacées[2].

---

1. Ce travail a été exécuté sous la direction supérieure de M. le colonel du Génie Javain, et la surveillance de M. Duval, garde du Génie.

2. L'une d'elles a recouvert le corps d'une religieuse venue du Val-Profond ; on y lit :

Cy-gist Sᵗ Marie Hervé Dᵉ de Sᵗ-Laurens, professe de cet ordre de nostre bienheureux père Sᵗ-Benoist; laquelle a pris l'Habit en l'abbaye du Val-Profond et y a faict sa profession le 3 juillet 1616, aagée de 37 ans. Elle est décedée en ceste abbaye royalle de Nostre-Dame du Val-de-Grâce le 24 novembre 1655, aagée de 76 ans 8 mois moins un jour. — Priez pour son ame s'il vous plaist.

On lit sur une autre dalle :

Icy repose le corps de sœur Magdeleine Claire de Canouville de Raffetot de Sᵗ-Bernard, religieuse du chœur, professe de l'ordre de notre bienheureux père Sᵗ-Benoit laquelle ayant receu l'Habit de religion en cette abbaye royalle de Notre-Dame du Val-de-Grace, apres l'année de son Novitiat, a fait sa profession le 21 janvier 1664 agée de 17 ans et 7 mois. Elle y est décédée le 8 avril 1721, agée de 75 ans. — Priez pour son âme.

5

Nous avons parlé précédemment du groupe de la *Nativité,* de François Anguier, qui avait été fait pour l'église du Val-de-Grâce. Napoléon Ier le donna à l'église Saint-Roch. Le maître-autel fut détruit; un autel de bois, sans style, le remplaça dans la suite. La fabrique de Saint-Roch, sollicitée depuis pour rendre le groupe au Val-de-Grâce, s'y refusa absolument.

En décembre 1868, Mgr Darboy, archevêque de Paris, grand aumônier de l'Empereur, conseillé par M. l'abbé de Beuvron, demanda au souverain de restituer à peu de frais le maître-autel pour y placer la copie du groupe d'Anguier déjà commandée à divers artistes. Napoléon III, éclairé sur la nécessité d'adopter pour cette restitution des moyens en rapport avec l'importance historique et artistique du monument, écrivit de sa main sur la requête de l'Archevêque : *Je tiens à ce que l'autel soit rétabli tel qu'il était.* NAPOLÉON.

Le groupe de la Nativité fut donc reproduit. M. Lequien fut chargé de la statue de la Sainte-Vierge, M. Desprez, du Saint-Joseph, et M. Clément Denis, de l'Enfant-Jésus. Ce dernier statuaire, jeune encore, mourut pendant le siége de Paris, après avoir cependant terminé son œuvre.

Il ne restait de l'ancien maître-autel, en plus du palier, que la trace de son contour dans la mosaïque de marbre du sanctuaire; il se trouva que les plinthes des figures d'Anguier, dont la forme primitive eût été dans cette circonstance d'un grand secours, avaient été jadis dénaturées; d'anciennes gravures donnaient quelques indications contradictoires; enfin des descriptions assez détaillées de ce maître-autel existent dans Le Maire, Germain Brice et Hurtaut. Piganiol de la Force reproduit en partie celle de Germain Brice en la développant.

Le Maire dit de plus que les piédestaux qui portaient le groupe étaient de marbre mixte, de couleur rouge et autres.

C'est surtout au moyen de ces documents écrits qu'un projet de restauration de cet autel, ayant double face et deux expositions superposées et en sens inverse, put être étudié et mis à exécution en suivant les intentions du dona-teur[1].

1. L'auteur de ce livre en fut chargé. Voici un extrait de son rapport en date du 1er septembre 1869 :

« La première opération, pour l'étude du projet, a été, après avoir enlevé l'autel de bois qui avait remplacé le monument primitif, de rechercher les traces des anciennes dispositions qui auraient pu s'y rencontrer. De ce côté, j'ai été assez heureux pour trouver encore en place les marches et le palier de l'autel, ainsi que les contours exacts des piédestaux du groupe de la *Nativité*. J'avais donc des dimensions certaines et des formes arrêtées pour établir sûrement la projection horizontale de l'autel primitif, chose indispensable pour pouvoir placer plus tard les figures d'Anguier, comme il convenait, et selon la pensée du célèbre statuaire. Je retrouvai aussi quelques débris de marbre indiquant les couleurs qui avaient été employées. »

« En second lieu je dus rechercher ce qui avait été écrit et publié sur cette partie importante de l'église depuis sa fondation. »

Voici ce que dit à ce sujet Germain Brice (*Nouvelle Description historique de la ville de Paris*, 8e édition, Tome III, 1725; p. 115).

« Au milieu et derrière ces belles figures qui sont grandes comme nature, il « s'élève un tabernacle tout doré, en forme de niche, soutenu de douze petites « colonnes, posées sur un plan courbe, qui portent un demi-dôme, quatre de « face, le reste dans l'enfoncement; c'est dans ce tabernacle que le Saint-Sacre-« ment est exposé les jours des grandes fêtes. »

Piganiol de la Force (Tome VI, p. 9) dit de son côté :

« Le grand autel est dans l'axe du fond opposé à la nef et de l'invention de « Gabriel Le Duc. »

« L'intention de la reine Anne d'Autriche fut qu'on représentât ici une étable « très-richement ornée, pour relever la pauvreté de celle où le Verbe éternel a « bien voulu naître. »

« Sur l'autel qui est sur ce baldaquin, est la crèche, dans laquelle est l'Enfant-« Jésus, accompagné de la Sainte-Vierge mère et de Saint-Joseph, toutes figures « de marbre blanc, grandes comme nature et sculptées par François Anguierre. »

« Le parement de cet autel est un bas-relief de bronze doré, qui représente

Le bas-relief, de bronze doré, *la Mise au tombeau,* placé
primitivement sur le devant de l'autel n'a pas été retrouvé.
Il en existe un, de la même dimension, représentant le même
sujet, sur le devant du maître-autel de la cathédrale de Séez
(Orne). Il est un peu moins ancien, mais son genre de beauté

« une descente de croix, et est aussi de l'ouvrage de François Anguierre. Entre
« les trois figures dont je viens de parler, mais derrière, est un tabernacle en
« forme de niche, soutenu par douze petites colonnes qui portent un demi-dôme.
« On ne voit de ces colonnes que les quatre qui sont de face, car les huit autres
« sont dans l'enfoncement. »

« Cet autel est double, car il y en a un autre derrière qui sert aux religieuses
« et à la chapelle du Saint-Sacrement, qui est interne, par l'ouverture de laquelle
« elles reçoivent la communion, et adorent le Saint-Sacrement qui est exposé
« au principal autel en un riche tabernacle sans être vu des externes... »

« Plusieurs gravures anciennes de la Bibliothèque impériale qui représentent
le maître-autel du Val-de-Grâce indiquent d'une manière générale les dispositions
dont il s'agit, et fixent, dans une certaine mesure, l'idée qu'on peut se faire de
ce remarquable monument. »

« Le devant du tombeau de l'autel était, d'après les renseignements ci-dessus,
orné d'un bas-relief de bronze doré, qui, transporté au musée des Petits-Augustins, fut reçu par Alexandre Lenoir le 5 prairial an II. Sa sortie du musée n'est
pas constatée, de sorte qu'on ignore ce qu'il est devenu depuis cette époque. »

« Cette représentation de la Nativité, couronnée par le Saint-Sacrement, offre
un ensemble rempli de grâce et d'unité ; le baldaquin, très-élevé, ne peut être que
l'expression et l'enveloppe protectrice d'une *forme également élevée,* surmontée
d'une exposition. Aucun rhythme architectural ne pourrait d'ailleurs faire admettre
sous ce baldaquin une silhouette horizontale, et si Mgr l'Archevêque de Paris a
demandé un simple tombeau d'autel, *sans exposition au-dessus,* c'était probablement dans la pensée de diminuer la dépense. »

« Les copies du groupe de la Nativité sont d'un poids considérable qui ne
permettrait pas de construire les parties inférieures avec des matériaux légers.
Aussi devront-elles être établies en pierre massive revêtue de marbre de couleur
d'une grande épaisseur. C'est le ton rouge de Flandre qui devra dominer ; quelques fonds ou filets en blanc veiné et en noir antique seront mêlés conformément
aux indications résultant des fouilles que j'ai faites. »

« L'exposition sera en bronze doré ainsi que divers autres ornements... »

« Une inscription faisant connaître le don de l'Empereur, serait placée, suivant le vœu de Mgr l'Archevêque de Paris, sur le maître-autel... »

et son caractère paraissaient convenir ; il fut surmoulé, fondu à Paris et mis en place, ainsi que tous les autres bronzes, par M. Poussielgue. La marbrerie a été exécutée par M. Séguin, et les modèles des figurines d'ange, en bronze, qui supportent la couronne royale, par M. Cambos, statuaire.

L'inscription suivante est gravée sur le devant de l'autel postérieur :

Ce maître-autel a été reconstruit par Napoléon III en 1870 sur l'emplacement de celui qu'avait fondé Anne d'Autriche et qui fut détruit en 1793 [1].

La planche VII représente une vue de la façade principale, et la fig. 2 une coupe perpendiculaire à cette face faisant voir les deux expositions superposées et les deux autels adossés.

Les travaux étaient à peine achevés que la guerre de 1870 éclata, et le nouveau maître-autel ne put être consacré que le 28 juillet 1872 par Mgr Jeancart, évêque de Césame.

L'Europe entière sait qu'au Val-de-Grâce est installé, dans des conditions toutes spéciales d'étendue et de salubrité, l'un des plus beaux hôpitaux militaires du monde. Pendant l'investissement de Paris par les Prussiens, le dôme de l'église portait à son sommet le drapeau des ambulances, que, vers les derniers temps du siége, les intempéries réduisirent en lambeaux. Il faut le dire à la honte de l'ennemi, le dôme fut le point de mire continuel de son artillerie : soixante-douze obus tombèrent tout autour, sur les bâtiments où ils portèrent l'incendie, ou dans les jardins

---

[1]. Les lettres sont dorées, le fond est de marbre blanc.

qui en furent labourés. Heureusemsnt le tir, dont l'intention était manifeste, fut souvent maladroit : il ne frappa l'église qu'en trois endroits sans y causer beaucoup de mal et n'atteignit pas la coupole ; un seul projectile bien dirigé frappa la lanterne et brisa la cloche qu'elle contenait. Quant aux malades et aux blessés dont l'hôpital était rempli, leurs

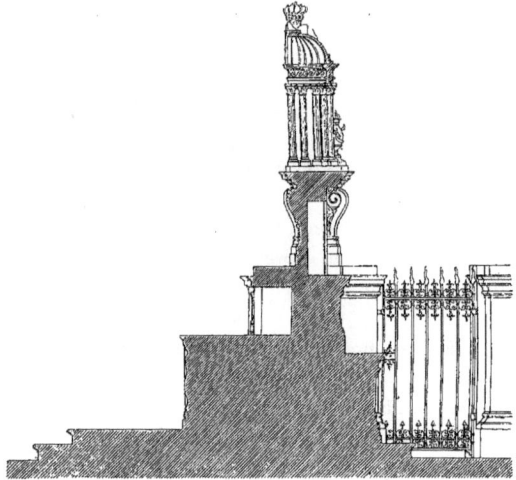

Fig. 2 (à 0,02 p. m.).

angoisses n'en furent que plus cruelles et ils furent plus maltraités ; l'une des victimes fut coupée en deux dans son lit par un obus qui n'éclata point. Et c'est une nation civilisée qui s'attaquait ainsi, dans son aveuglement, aux malheureux réfugiés dans l'asile toujours respecté de la douleur aussi bien qu'à l'une des plus hautes manifestations de la piété et de l'art [1].

1. Si notre intention dans cet ouvrage a été de ne nous occuper que de l'église et du monastère du Val-de-Grâce, on comprendra cependant que nous fassions connaître la destination actuelle des bâtiments et les différents services qui s'y rattachent.

Ces services se composent de *l'Hôpital militaire* proprement dit, et de *l'École d'application de Médecine et de Pharmacie militaires.*

Le personnel de l'hôpital militaire comprend actuellement :

1° Un médecin militaire en chef ou principal (M. Gaudelier), cinq professeurs titulaires et dix professeurs agrégés, qui tous assurent le service médical des huit divisions de malades et sont en même temps professeurs à l'École de médecine ;

2° Un pharmacien en chef et deux professeurs agrégés de pharmacie ;

3° Un officier principal d'administration comptable, huit officiers d'administration et cent quatre-vingts infirmiers militaires ; les officiers sont spécialement chargés du service des écritures à tenir au bureau des entrées, de la dépense, du matériel et de la compagnie ; ils veillent aux réceptions des denrées et à l'entretien du mobilier ainsi qu'à la discipline du détachement ; le nombre des infirmiers peut être porté à trois cent trente-cinq ;

4° Trois cent quarante-deux malades, dont trente-cinq officiers et trois cent sept sous-officiers et soldats ; les salles peuvent recevoir quarante-six officiers et huit cent sept sous-officiers et soldats ;

5° Deux aumôniers, dont un en chef, M. l'abbé de Bertrand de Beuvron, et trente et une sœurs de Saint-Vincent-de-Paul (ce nombre peut être porté à quarante) à la tête desquelles est Mme la comtesse de Moissac. Les sœurs sont spécialement chargées de la cuisine, de la dépense, de la cave, de l'entretien et des distributions du linge et des effets ; elles dirigent l'atelier des couturières et la préparation du linge à pansement relavé avant d'être remis en service ;

6° Un garde du génie, M. Duval, chargé de l'entretien des bâtiments sous la direction de M. le lieutenant-colonel Laussedat, commandant la rive gauche, et dépendant lui-même du service de M. le général du Génie de Courville.

7° Enfin le service de la lingerie. Ce service est fait par seize femmes, et celui de la blanchisserie par trente et une autres. Elles s'occupent du linge de l'Hôpital et de l'École de médecine, et de celui des Hôpitaux militaires du Gros-Caillou et de Vincennes. Les transports sont faits par le *Train des équipages.*

Il y a deux concierges et un poste de quarante-deux hommes.

Les divers services sont la Cuisine, la Dépense, la Cave, la Lingerie, l'Atelier des réparations du linge et des effets, la Buanderie, le Magasin du matériel, des

Couvertures, de la Paille de couchage et de Matelasserie, les services de Menui-
serie, Serrurerie et Ferblanterie, de Cordonnerie, de Peinture et Vitrerie, de
Lithographie, des Bains et des Jardiniers.

L'École d'application de médecine et de pharmacie militaires est dirigée par
M. le docteur Laveran, inspecteur du service de santé. Le personnel de santé
pour l'enseignement est de vingt et un professeurs. Les élèves sont au nombre
de cent quatre-vingt-huit, en deux promotions. Il y a deux employés d'administration et dix-neuf infirmiers et employés. En tout deux cent trente et une
personnes.

Il existe à l'École de médecine un Musée d'histoire naturelle et un d'anatomie, une Salle des modèles et un Atelier pour leurs préparations, un grand
Amphithéâtre de dissection, trois Amphithéâtres de cours, plusieurs Laboratoires,
un Arsenal de chirurgie, une Bibliothèque et un Jardin botanique.

Le total des personnes malades ou formant le groupe de l'Hôpital du Val-
de-Grâce et de l'École de médecine est de mille à douze cents.

Fig. 3.

II

Nous venons d'exposer les faits principaux de l'histoire de l'abbaye royale du Val-de-Grâce et la pensée qui en a dicté les dispositions. Analysons maintenant le monument lui-même, et nous verrons comment les artistes chargés des travaux ont répondu au programme qui leur avait été proposé.

Il ne faudrait pas juger du mérite artistique d'un architecte et de son œuvre sans tenir compte des formes, bonnes ou mauvaises, généralement adoptées par ses contemporains, et sans admettre ces formes, au moins momentanément. On doit faire la part des faiblesses inhérentes à certaines phases de l'art dans ses évolutions. A aucune époque les artistes, pris séparément, n'ont inventé un style d'architecture ; ils expriment, avec leur goût personnel, les idées de leur temps, idées auxquelles peuvent s'allier des erreurs admises par toute leur génération comme étant la vérité, et dont on ne peut les rendre absolument responsables.

La Renaissance italienne a apporté en France l'emploi excessif des ordres antiques. Depuis cette époque nous n'y avons pas renoncé, nous les avons appliqués peut-être diffé-

remment. Sous Louis XIV, les nefs des églises sont
décorées de placages d'ordres complets, et les façades, de
plusieurs étages d'ordres; des ordres encore enveloppent
l'étage des fenêtres au-dessous des coupoles. Que l'on ait
pensé que la colonne antique soit une des plus belles con-
ceptions de l'art, personne n'y contredira; toutefois on peut
dire que l'usage en est devenu très-fréquent, et qu'en général,
dans ces édifices, la raison ne saurait toujours justifier une
décoration faite d'éléments pris d'ordinaire *tels quels* dans
l'antiquité, où ils ne remplissent pas les mêmes fonctions.

Mais une fois ce fait reconnu, et quoiqu'il s'agisse souvent d'une reproduction trop littérale, il reste encore à voir
dans quelle mesure les architectes du temps, dont le mérite
de quelques-uns d'ailleurs était considérable, liés par l'innovation qui était venue s'imposer, ont pu donner satisfaction
aux exigences du culte, et manifester dans leurs œuvres
un sentiment noble, élevé, relativement libre et digne en
un mot de l'art de l'architecture. Cet usage d'orner
les édifices avec des ordres trouvés à l'avance, et dans
lesquels on n'introduisait que rarement des éléments nouveaux, a eu pour résultat d'enlever une grande partie
de l'intérêt qu'auraient pu présenter les monuments des XVIIe
et XVIIIe siècles. Il est cependant des exemples où l'inspiration
des artistes se manifeste non-seulement par la belle propor-
tion des ordres et la magnificence des moyens de construction, mais encore par l'originalité des dispositions et le talent
réel avec lequel sont traités certains détails. C'est précisément à ce point de vue que nous voulons nous placer pour
étudier l'église et le monastère du Val-de-Grâce qui offrent
ces qualités, et qui en font, nous le répétons, la plus remarquable peut-être des productions de l'art de cette époque.

Les dispositions générales de l'ancienne abbaye sont indiquées sur notre plan d'ensemble (Pl. III), à l'échelle d'un centimètre pour six mètres, sur lequel il est très-important de jeter une seconde fois les yeux[1].

Une cour d'honneur, dont l'entrée est fermée par une grille le long de la rue Saint-Jacques, précède l'église, qui a sa façade principale tournée vers le couchant, suivant l'usage traditionnel observé encore une fois ici pour tomber plus tard en désuétude. La rue perpendiculaire à cette façade, qui porte le nom de rue du Val-de-Grâce, a été ouverte en grande partie sur l'emplacement du *Couvent des Carmélites* où s'étaient retirées, en 1676, Louise-Françoise de La Beaume Leblanc, duchesse de La Vallière, sous le nom de *sœur Louise de la Miséricorde,* et, plus tard, madame de Montespan, sa rivale, à laquelle elle prodigua, comme on sait, les soins les plus touchants. Cette rue ne communiqua définitivement avec la rue Saint-Jacques qu'en 1811; la partie comprise entre les rues de l'Est et d'Enfer a été percée sur des terrains dépendant des *Chartreux.*

La nef de l'église est formée de trois travées donnant accès à six chapelles, trois de chaque côté, qui n'ont jamais été entièrement achevées, du moins en ce qui concerne les autels[2]. A la suite vient la coupole repo-

1. M. le général de Courville, Directeur du Génie, à Paris, dans le service duquel se trouve le Val-de-Grâce, et qui connaît toute la valeur artistique et historique de ce monument, a bien voulu mettre à notre disposition, avec la plus grande complaisance, divers dessins très-exacts qui nous ont aidé à faire les planches III, IV et VIII.

2. Les six chapelles devaient être placées sous le vocable de trois rois et de trois reines qui étaient devenus des saints sur le trône : saint Canut, roi de Danemark; saint Éric, roi de Suède; saint Louis, roi de France; sainte Clotilde, sainte Bathilde et sainte Radegonde.

sant sur pendentifs et entourée de trois chapelles principales, de formes différentes : l'une, dans l'axe, au delà du
dôme, destinée à l'adoration du saint-sacrement; la seconde,
à gauche, sous le vocable de Sainte-Anne, patronne de la
Reine, et située au-dessus du caveau où étaient déposés les
cœurs des princes du sang; et enfin, la troisième, à droite,
dédiée à Saint-Louis, patron du Roi, qui servait de chœur aux
religieuses et communiquait avec la communauté. Les sacristies sont placées sur le côté droit de la nef, c'est-à-dire au
sud : *A* était celle des religieuses; *B* celle des ecclésiastiques.

A la suite du chœur des religieuses, en s'éloignant du
dôme, on trouve l'arrière-chœur *C*, sous lequel on passait
pour se rendre au pavillon de la Reine, puis le clocher octogone, *D*. Le cloître, de forme rectangulaire, se
compose de deux étages de galeries superposées autour
desquelles étaient groupés les divers services nécessaires au
couvent, tels que, au rez-de-chaussée, la Salle capitulaire *E* [1],
la Cuisine *F*, le Réfectoire *G*, occupant la hauteur des
deux galeries, et, au premier étage, ainsi qu'aux étages
supérieurs, les Dortoirs, les Cellules, etc.

---

1. La Cuisine actuelle est dans cette ancienne Salle capitulaire. Le Réfectoire a été transformé en Musée d'anatomie, et la cour de l'École de médecine
militaire était la basse-cour.

Antérieurement à 1752 un réservoir monumental était placé au milieu de
cette cour. Il est actuellement pris dans l'épaisseur d'un bâtiment où sont les
laboratoires. Il était orné d'une niche sur chaque face. Dans celle qui est encore
apparente à l'extérieur on a placé la statue du docteur Broussais, par Bra. Entre
ce réservoir et la rue Saint-Jacques il n'y avait plus que des terrains à bâtir
traversés en biais par une rue dite du *Sançonnet* à l'entrée de laquelle on voyait
un puits public et un calvaire, et qui passait à l'angle du pavillon sud-ouest du
monastère ; on peut constater aujourd'hui la direction de cette voie par le mur
séparatif de quelques maisons bâties sur son alignement ; elle est d'ailleurs très-
visible sur notre plan général.

Les fenêtres de l'ancienne Salle capitulaire et des réfectoires sont ogivales, et les murs sont garnis en dehors de
contre-forts saillants couverts par des talus ressautés, comme
on avait l'habitude de le faire aux époques antérieures. Les
grandes voûtes d'arêtes barlongues qu'ils maintiennent sont
formées de berceaux elliptiques surhaussés, pénétrant le
grand berceau principal qui est à plein cintre. Malgré que
les arcs des fenêtres ne soient pas extradossés, les murs sem-
bleraient être d'origine plus ancienne que ceux environnants.
Du côté de l'église le mur du premier étage est en retraite
sur celui du rez-de-chaussée comme s'il était le résultat
d'une surélévation. On sait que lorsque la Reine acheta le
Petit-Bourbon il existait déjà quelques bâtiments, et que
c'est dans l'un d'eux que Henri IV, maître du faubourg
Saint-Jacques, passa la nuit du mercredi 1er novembre 1589,
et y reposa trois heures sur un lit de paille fraîche. Ces
murs percés de fenêtres ogivales étaient-ils déjà debout?
Le plan général est tellement plein d'unité qu'il ne permet
peut-être pas d'admettre une semblable hypothèse.

En tout cas, cette partie des bâtiments, où l'on a marié
librement la forme ogivale avec le plein cintre et la plate-
bande, n'est pas la moins intéressante de l'abbaye : la
façade des réfectoires, surtout, est fort remarquable par
son originalité et son grand caractère. Le clocher, ainsi
qu'on peut le voir par la disposition des assises de pierre qui
ne se raccordent pas avec leurs voisines, a été construit
après la salle capitulaire[1].

L'axe du cloître ne correspond pas avec celui du dôme ;
il est rejeté au delà, de manière que l'une des deux galeries

---

1. Les quatre cloches qu'il contenait y furent suspendues le 4 février 1662.

débouche vers le milieu de la première cour de service.
Quatre pavillons flanquent les angles extérieurs des bâtiments ; ils sont disposés de façon à ne pas encombrer ces
angles ni les priver de lumière. L'un d'eux, celui qu'habitait
la Reine, est placé, avons-nous dit, du côté du jardin en regardant l'église ; on pouvait y arriver en carrosse en traversant
le rez-de-chaussée des bâtiments et sans pénétrer chez les
religieuses. On se rappelle qu'un péristyle d'ordre ionique
à bossages, en décore l'entrée.

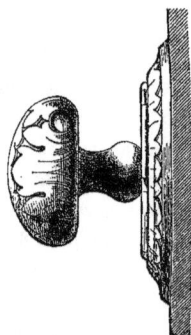

Fig. 4. — Bouton en fer des portes du cloître. Demi-exécution.

Il faut remarquer ici l'isolement, ou plutôt l'éloignement
exceptionnel, qui existe entre le monastère et l'église [1]. On
sait en effet que dans les édifices de même nature, de date
antérieure, les cloîtres sont adossés aux nefs ou aux collatéraux des églises, soit au nord, soit au midi, afin de concentrer

1. On voit une disposition beaucoup moins belle, mais se rapprochant un peu
de celle-ci, à l'abbaye royale de Saint-Denis construite par Robert de Cotte, de
1718 à 1752.

davantage tous les services. Ici, le clocher, l'arrière-chœur
et le chœur des religieuses étant le trait d'union entre le
cloître et l'église, toute satisfaction était donnée aux besoins
religieux et matériels, et l'isolement adopté avait pour
conséquence de faciliter l'éclairage et l'aération des distributions.

De jolis boutons en fer ciselé sont placés sur les portes
du cloître. On remarque autour de ce bouton une rosace
sculptée en relief, en plein bois, et prévue pour le rece-

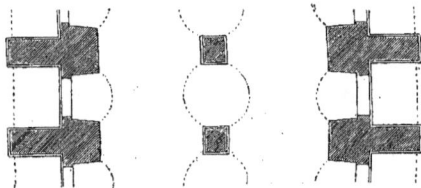

Fig. 5.

voir. Nous donnons le profil de ce bouton (fig. 4); sa face
est représentée à la fin de ce chapitre (fig. 24).

Le plan de l'église est fort remarquable. Une petite galerie, ou couloir qui l'enveloppe *b* (Pl. III), la met, ainsi que
les sacristies, en communication avec la communauté jusqu'à
la chapelle Sainte-Anne en passant par celle du Saint-Sacrement. Cette petite galerie présente un caractère de convenance et d'originalité tellement accentuées que nous devons
appeler l'attention d'une façon particulière sur cette utile
disposition. L'aspect extérieur en est très-satisfaisant, ainsi
qu'on peut en juger par les dessins qui représentent (fig. 5) le
plan d'une travée de l'étage en soubassement de la chapelle

Saint-Louis, et (Pl. VIII) la coupe transversale de cette chapelle et son élévation latérale.

Ajoutons que les poussées de la grande voûte supérieure sont parfaitement maintenues par des contre-forts percés de baies de communication; cette galerie est construite très-solidement au moyen de murs n'ayant que trente centimètres d'épaisseur, et sa couverture est formée de grandes dalles recouvertes de plomb. Au-dessus des baies de communication, à l'extérieur, une console renversée est appareillée avec le contre-fort de façon à transmettre la poussée à la pile *a*, et, par suite, sur la partie inférieure du contre-fort dont la longueur est de $3^m,75$.

Déjà, à l'église de l'Oratoire, à Paris, achevée vers 1630, c'est-à-dire quinze ans avant la fondation du Val-de-Grâce, Cl. Métezeau avait adopté une disposition analogue pour la nef. L'église de l'Oratoire offre donc de l'intérêt par cette analogie en ce qui concerne les voûtes et les points d'appui dont la résistance est bien combinée. On peut voir là comme un souvenir de la tradition du moyen âge pendant lequel les questions de ce genre, on peut dire, toujours ingénieusement résolues, ont si justement préoccupé les architectes de cette époque. Ici, comme à la chapelle Saint-Louis du Val-de-Grâce, il fallait de puissants contre-forts : on n'a pas craint de les accuser vigoureusement.

En comparant ces constructions à celles des siècles précédents, nous croyons être dans le vrai, car les voûtes des monuments antiques sont maintenues par des massifs énormes et inébranlables, dont rien ne semble avoir gêné le développement, tandis que les églises du xviie siècle participent davantage des édifices bâtis depuis les Romains, en ce qui est de la résistance opposée aux poussées des voûtes et de la surface de leurs points d'appui, qu'on voulait, non sans raison, aussi peu étendue que possible.

Pour les nefs garnies de collatéraux l'abandon de l'usage des arcs-boutants, en vue de supprimer certains inconvénients qu'ils présentaient, eut lieu sans qu'on songeât à remplacer leur efficacité par d'autres moyens; il modifiait profondément le système de résistance. L'application du style romain aux édifices contemporains du Val-de-Grâce, ou bâtis quelques années après, application dans laquelle on ne tenait pas assez compte des exigences des poussées, a produit des constructions où cette saillie des contre-forts est diminuée de plus en plus jusqu'à devenir une sorte de grande console renversée, hors d'échelle, démesurément aplatie vers le haut, et par cela même insuffisante. Il n'y a qu'à jeter les yeux sur beaucoup d'entre eux pour voir que les pierres, d'ailleurs trop volumineuses et trop pesantes des voûtes, sont disjointes dans le sens de la longueur des nefs, comme cela a eu lieu, par exemple, à l'église des Invalides et à Saint-Sulpice de Paris. La coupe sur la nef du Val-de-Grâce (Pl. IX) nous montre, au contraire, une disposition dont les conditions de stabilité sont parfaites.

La façade postérieure de la même église nous paraît tellement préférable à celle opposée que nous avons cru devoir en donner une vue (Pl. X). On y constate une richesse et une unité de conception vraiment remarquables, un sentiment tout particulier de la valeur relative des pleins et des vides comme des surfaces nues et des parties ornées, et enfin une harmonie et une majesté tout exceptionnelles. La façade principale, au contraire, est conçue suivant des dispositions connues, les proportions générales du portique d'entrée sont

7

peu agréables et les détails en sont maigres, froids et presque vulgaires ; tandis que cette élévation du côté des jardins,
sans analogue, est empreinte d'un caractère véritablement
monumental et possède une fermeté de lignes qui en font,
à notre avis, un chef-d'œuvre. Sans doute il faut attribuer
cette fermeté à l'emploi de formes généralement carrées.
Il est à remarquer en effet que les baies de la coupole sont
à plates-bandes, qu'il n'existe qu'un seul étage de fenêtres
surmonté d'une sorte d'attique orné de médaillons et supportant d'une heureuse façon la coupole ; que les contre-forts,
relativement rapprochés, très-saillants, qui séparent les baies,
pris dans une ordonnance corinthienne, sont ornés seulement
de pilastres, et qu'enfin les parties au-dessous sont larges
et simples, toutes dispositions qu'on ne voit pas, par exemple,
à la Sorbonne ou aux Invalides, édifices qui manquent, selon nous, de ces qualités : à la Sorbonne, les contre-forts qui
soutiennent le dôme ont une moins grande saillie ; ils sont
plus écartés (il y en a huit au lieu de seize[1]), les fenêtres
sont en arc de cercle ; aux Invalides, les colonnes qui entourent le dôme sont groupées inégalement sans nécessité ma-
térielle, et il en résulte de l'indécision et une certaine
mollesse dans l'aspect extérieur ; enfin il y a deux étages de
fenêtres dans la tour du dôme ; celles de l'étage inférieur
sont en arc de cercle et celles au-dessus sont de forme plein
cintre ; si cette disposition est plus pittoresque, elle est beaucoup plus compliquée et l'édifice perd pour ces causes de
sa simplicité et de sa majesté. Le raccordement de la tour
du dôme avec la partie carrée inférieure, formée par les
bâtiments, présente de grandes lignes horizontales sans

1. Il est vrai que le diamètre de la coupole est plus petit.

toits apparents, des frontons sans combles par derrière, d'où résultent des vides qui sont regrettables. Au Val-de-Grâce, au contraire, les parties analogues sont couronnées par des lanternons, et les toitures de la nef et des chapelles sont amples et bien accusées; de sorte que le tout est mieux groupé, plus rationnel et que l'unité en est plus parfaite [1].

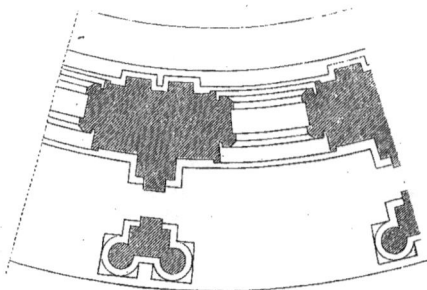

Fig. 6.

En un mot, nous dirons que la tour du dôme du Val-de-Grâce se rapproche beaucoup plus que les précédentes de celle de Saint-Pierre de Rome dont l'ensemble n'en diffère que par les colonnes remplaçant les pilastres, et que la première l'emporte sur celle-ci, non par son étendue ou par sa richesse, mais par le caractère plus énergique de ses formes. La figure (6) représente le plan de l'une des

1. Nous avons reproduit sur notre gravure, planche X, la disposition primitive de la couverture en plomb de la chapelle du Saint-Sacrement ; cette couverture est actuellement en ardoises.

piles de la tour du dôme de Saint-Pierre qu'on peut comparer
à celles de notre planche VI. Ces plans sont à la même
échelle.

Il faut reconnaître cependant que la silhouette de la
coupole du Val-de-Grâce a, dans sa partie supérieure, une
sorte d'aplatissement qui, lui donnant un peu de lourdeur,
nuit à sa beauté.

Le dôme des Invalides est certainement préférable
quant à la forme extérieure et il mérite sa grande renommée : la pureté de sa courbe et son élégance ont un charme
indiscutable [1].

---

1. Plusieurs auteurs ont parlé des beautés du Val-de-Grâce. Parmi les éloges
contenus dans les *Observations sur l'Architecture par M. l'abbé Laugier*, 1765, *suivi
de Remarques sur un livre intitulé : Observations sur l'Architecture, de M. l'abbé
Laugier, par M. G. Vuillaumot, architecte*, 1768. Nous citerons les suivants :

« Dans les dehors des bâtiments rien ne fait un effet plus majestueux que
« les grandes élévations, lesquelles étant bien proportionnées d'ailleurs présentent
« des masses qui étonnent le spectateur ; et dans les édifices de conséquence, on
« ne peut trop viser à produire cet étonnement. Les dômes des Invalides et du
« Val-de-Grâce ont cet avantage : ce sont de fortes masses qui, par leur éléva-
« tion, se dessinent dans le vide des airs et y jouent d'une manière surprenante.
« Bien des gens craignent que le dôme de la nouvelle église Sainte-Geneviève
« ne produise pas cet effet surprenant. Lourdement assise sur la masse de l'édifice
« et faiblement élancée dans les airs, sa forme aura d'autant plus de désavantage
« que tous les yeux feront la comparaison et sentiront le contraste avec le dôme
« voisin du Val-de-Grâce. Je fais cette observation d'autant plus librement qu'il
« est encore temps d'éviter cet inconvénient, et que l'architecte a dans son génie
« plus de ressources qu'il n'en faut pour donner à son dôme toute la perfec-
« tion dont il est susceptible...... » Ce qui suit nous semble mieux raisonné :

« Une calotte en plein cintre paraît écrasée, parce qu'étant vue de bas en
« haut, le rayon visuel se termine aux deux tiers de sa courbure, passe au delà en
« tangente, et tout ce qui est au-dessus n'est point aperçu. Il n'y a donc qu'une
« coupe elliptique qui puisse donner à la forme de la calotte une élévation suffi-
« sante au coup d'œil. Cette coupe elliptique peut être déterminée en tirant deux
« tangentes de part et d'autre sur le cercle à la hauteur de 60 degrés, et en pro-
« longeant la courbe elliptiquement sous l'angle que les deux tangentes forment

Mais n'oublions pas de signaler tous les éléments déco-
ratifs distribués à l'extérieur de la coupole du Val-de-Grâce :
au-dessus des contre-forts sont des enfants gigantesques portant des pots-à-feu, et adossés à des consoles renversées
supportant de plus grands vases d'où s'échappent des
flammes; plus haut, on a placé deux étages de petites lu-
carnes en plomb couronnées par des fleurs de lis; et enfin,
sur la toiture de la lanterne, sont encore ajustés des pots-
à-feu. Cet emblème de la foi, souvent répété, donne lieu à
un grand nombre de motifs se découpant sur le ciel, ainsi
qu'on le faisait au moyen âge, et qui amènent la vie dans
ces parties supérieures de l'édifice; ce qui contraste singu-
lièrement, il faut le dire, avec la froide et morne coupole de
notre Panthéon de Paris.

On peut regretter, au Val-de-Grâce, la disparition des
dorures qui ornaient les plates-bandes en plomb disposées
régulièrement à sa surface et sur la lanterne, et qui devaient
beaucoup en améliorer l'aspect; ces dorures étaient encore
visibles avant la Révolution.

Il est toutefois une autre partie du dôme qui attire l'attention : nous voulons parler du garde-fou placé en dehors
de la lanterne, et dont l'effet laisse à désirer. La médaille de
la fondation et plusieurs gravures antérieures à 1675, comme
celles de *Pérelle*, d'*Israël Silvestre* [1], qui représentent l'église

« à leur point d'intersection. La calotte du Val-de-Grâce peut servir de modèle.
« Elle est d'une très-belle coupe, et complète, d'une façon très-mâle, l'effet pyra-
« midal de ce dôme, dont la masse entière a la forme de l'élancement le plus
« majestueux. La calotte du dôme des Invalides n'est pas à beaucoup près d'une
« coupe si parfaite, sa courbe décrit une ellipse trop allongée..... » (Nous devons
ces extraits à l'obligeance de notre confrère M. L. Leguay.)

1. Au bas d'une gravure de ce dernier maître, on lit les quatre strophes sui-

vue des jardins, ne font pas voir là de balustrade; d'autres
auteurs, *Marot* et *Blondel,* qui sont plus récents, en indiquent
une ; et *Hurtaut,* dans son *Dictionnaire historique de la ville de
Paris* [1], en constate aussi l'existence. Il se peut donc qu'elle
ait été ajoutée depuis 1675 ; en ce cas, *Charpentier,* dans sa
gravure de 1762, aurait fait une omission. Cette adjonction, si
adjonction il y a, serait toutefois fort ancienne, et n'est pas à
l'avantage du monument ; mais elle pourrait peut-être justifier
l'espèce d'aplatissement de cette partie de la coupole.

On a fait remarquer à tort que la disposition qui se voit
dans le plan du dôme des Invalides, celle relative aux piliers
ouverts par des passages donnant accès à des chapelles,
était une innovation introduite dans l'art de l'architecture
par Hardouin Mansart [2]. S'il y a là un progrès, et nous
sommes de cet avis, il faut l'attribuer à François Mansart
qui, avant son neveu, appliqua ce système de construction
à l'église du Val-de-Grâce ; car on sait que l'église et le
dôme des Invalides ont été élevés longtemps après, de
1675 à 1695. Quoique le dôme du Val-de-Grâce soit de plus

vantes qui montrent l'enthousiasme que produisit alors le monument, ainsi qu'on
le verra plus loin :

« Une Reyne sans exemple,
Dont le nom est immortel,
En eslevant ce beau Temple,
Se send digne d'un Autel.

« L'art surpasse la Nature,
Dans ce Royal Bastiment,
Et sa noble Architecture
Donne de l'Estonnement.

« Pour voir d'vne grande Reyne
L'ouvrage Pompeux et beau,
Belles nymphes de la Seyne,
Eslevez-vous sur Vostre eau.

« Vos flots auprès du Rivage,
Dans leur Esclatant Miroir,
N'en feroyent pas mieux l'Image,
Que Sivestre la fait voir.

1. 1779, page 125.
1. Quatremère de Quincy.
Monuments anciens et modernes, par Gailhabaud.

petite dimension (le diamètre de celui des Invalides étant
de vingt-cinq mètres au lieu de dix-neuf), il n'en faut pas
moins reconnaître que Jules Hardouin n'innovait rien sur
ce point et qu'il avait sous les yeux un modèle d'un mérite
supérieur à celui de son œuvre sous divers rapports.

Nous avons dit que plusieurs changements avaient été
faits au projet de Mansart par Gabriel Le Duc. Il en est un,
entre autres, relatif aux naissances des grandes voûtes de la
nef; ces naissances, dans l'origine, devaient porter sur un
acrotère élevé, ayant base et corniche : plusieurs anciennes
gravures en font foi [1].

Notre coupe (Pl. IX) montre que cet acrotère, qui n'a
jamais existé que sur certains plans, fut remplacé par une
simple partie droite sans moulures, de moins grande hauteur,
ayant un mètre environ. Ce dernier parti semble plus logique.
En effet, les proportions de largeur et de hauteur de la nef
étant fixées, et l'idée de plaquer un ordre complet sur ses
murs étant adoptée, on comprend qu'il suffisait de surélever
de peu le berceau, afin que la naissance échappât perspecti-
vement à la saillie de la corniche, et qu'un acrotère complet,
comme on en voit à Saint-Paul de Londres et ailleurs, eût

[1]. Il est à remarquer que dans ces gravures, exécutées longtemps après l'édifice lui-même et signées Mansart, on a représenté certaines de ses parties telles
que cet architecte les avait conçues, et non semblables à celles qu'on avait sous
les yeux. Ainsi les gravures de Charpentier, quoique faites en 1761 et 1762, sont
signées *Mansart Delin.* Celle qu'on trouve dans Félibien n'est qu'une réduction
de l'une des précédentes. Enfin Marot a fait une perspective intérieure et une
coupe sur la nef, non d'accord entr'elles, et qui ne donnent pas à cet acrotère la
même importance; mais il représente sur une autre planche les façades du cloître
projetées par Mansart, et, au-dessus, l'élévation des mêmes bâtiments à peu près
conformes à l'exécution. Dans tous les anciens plans le perron principal de l'église
n'a pas la forme qu'il affecte aujourd'hui.

été une superfétation; ce changement dû à Gabriel Le Duc
est rationnel et favorable à l'œuvre.

Germain Brice, dans sa description de l'abbaye royale
du Val-de-Grâce, rapporte l'opinion de son temps sur la
place occupée par le baldaquin et le maître-autel :

« Quelques critiques, » dit-il « ont trouvé à redire que
cet autel était dans des proportions qui n'avaient aucun
rapport avec celles de tout le reste de l'édifice; ils auraient
souhaité qu'il eût été d'un moindre volume, et qu'on l'eût
placé directement sous le dôme, ou du moins qu'on ne l'eût
si fort enfoncé sous le grand arc, où il paraît trop serré
dans toutes ses parties, ce qui empêche d'en voir les principales beautés. Il est certain que cette disposition aurait été
plus heureuse. »

« Derrière le grand-autel est une espèce de pavillon
bombé, aussi de marbre... »

« On trouve que la disposition de ce pavillon en tour
ronde est contraire aux règles, qui demandent que le fond
d'un temple soit toujours concave; au lieu que celui-ci est
convexe, qui est la figure opposée... »

Nous appelons l'attention sur le fond principal de ces
réflexions, et nous exprimerons un avis tout contraire; en
effet nous sommes frappé de la grande liberté d'esprit et de
la volonté raisonnée qui ont présidé à la conception de ce
plan et amené le résultat que nous voyons. On sait que
Le Mercier modifia le projet de Mansart en ce qui concerne
la chapelle du Saint-Sacrement qu'il y ajouta[1] : l'abside
de cette chapelle, placée en sens inverse de celle de l'église,
fait saillie dans cette dernière. Conformément aux prétendues

---

1. Germain Brice.

règles que préconise G. Brice, le fond du temple, s

est concave. Mais pourquoi cette pénétration da

par une forme convexe ? A l'aspect de cette disp

de prime abord, on peut être surpris. Cependa

songe à la destination de la chapelle, et que les r

cloîtrées, y venaient pour recevoir la communion

du prêtre placé au maître-autel, par le guichet

encore ménagé dans la grille, on comprend bient

là une grande pensée ; que, si, d'un côté, la ch

Saint-Sacrement s'avance dans l'église, de l'autr

daquin qu'on voulait vaste et somptueux, quoiq

lant l'humble étable, devait être placé dans l'ab

de l'église : le maître-autel est ainsi en rapp

avec la chapelle des religieuses. C'est là une de

du programme de la Reine et un signe très-appar

reconnaître l'église conventuelle. Et, afin de n'e

simuler, la partie saillante de cette chapelle es

marbre rouge de Flandre, afin qu'elle puisse se

première vue sur le fond en pierre blanche de

l'église. L'idée est franchement exprimée, et il f

naître, malgré l'opinion de Blondel qui aurait pré

la place de l'abside convexe une simple grille[1], q

en cet endroit a fait preuve d'intelligence autan

dépendance. C'est à de semblables œuvres, ainsi d

exécutées, qu'on reconnaît les véritables artistes.

En parlant ainsi nous semblons ne pas partage

du moyen âge sur l'orientation des églises. Il n'e

Notre pensée est qu'un autel *à deux faces* étant

ne pouvait mieux exprimer les conditions du p

1. Livre III, page 70.

L'inscription suivante, en lettres de bronze doré, appliquée sur une table de marbre noir, existait dans l'attique de l'abside convexe regardant le maître-autel.

QUI CREAVIT ME REQUIEVIT IN TABERNACULO MEO [1]

Celui qui m'a créé s'est reposé en moi, ou, *dans mon tabernacle;* paroles de la Reine exprimant sa foi dans le Sacrement de l'Eucharistie, sa reconnaissance envers Dieu, et faisant allusion sans doute aussi à l'idée qui a élevé ce riche sanctuaire du Val-de-Grâce.

Nous avons parlé jusqu'ici de trois dispositions particulières au plan de l'église du Val-de-Grâce, que nous rappellerons, pour nous résumer sur ce point, ainsi que pour faire ressortir la beauté de ce plan, son originalité et son caractère, qui est bien en rapport avec la destination d'une église monastique. Il ne faut pas oublier, en effet, les trois uniques travées de la nef, qui donnent à celle-ci peu d'étendue en longueur, la galerie de communication extérieure, ou bas côté mystérieux destiné au service des religieuses, et la pénétration de la chapelle de la communion dans l'abside principale. (Voir à la suite des pièces justificatives la note 2.)

Dans le cours de cet examen, l'ornementation intérieure de l'église doit être citée comme une chose capitale. Il est en effet fort intéressant de l'analyser au double point de vue de la conception et du style.

On remarquera que la grande voûte de la nef n'est pas ornée, ainsi que beaucoup d'autres du même temps, de ces caissons carrés dont les Romains ont fait d'abord usage

---

1. Lemaire, IIe vol, p. 328.

d'une façon très-judicieuse dans leurs voûtes moulées ; aux
xviie et xviiie siècles on a souvent reproduit cette décoration
qui n'a par son origine aucun rapport avec le genre de construction et l'appareil alors adoptés. La voûte en berceau du
Val-de-Grâce, divisée en trois travées par des nervures d'arcs-
doubleaux, est ornée de médaillons principaux, reliés au
moyen d'entrelacs. Dans les médaillons sont sculptés, par
Michel Anguier, les têtes de la Sainte-Vierge, de Saint-
Joseph, de Sainte-Anne, de Saint-Joachim, de Sainte-Éli-
sabeth et de Saint-Zacharie. Des anges tenant des objets
symboliques sont placés entre les médaillons. L'ensemble de
ces entrelacs, qui contournent gracieusement tous ces motifs sans nuire aux grandes masses, forme une sorte de ten-
ture dont la richesse et la belle harmonie font valoir l'ingénieuse invention. Les artistes, Gabriel Le Duc et Michel
Anguier, ont su y établir le contraste le plus heureux :
des fleurs, traitées d'une façon tout *architecturale,* accom-
pagnent les principales lignes qui laissent entre elles des
compartiments occupés par d'autres fleurs *imitant la nature.*

Il y a dans ce contraste et dans la disposition générale,
quoique le principe de cette décoration n'exprime pas
les moyens de construction de la voûte, tout un enseignement esthétique.

Les chapiteaux de l'ordre appliqué entre les arcs donnant
dans les bas côtés sont corinthiens et inspirés de ceux de
l'ordre intérieur du Panthéon à Rome.

Jusqu'à cette époque tous les peuples, à l'exception
peut-être des Romains, nous avaient laissé, en fait de décoration architecturale, des principes et des formes qui leur
étaient tout à fait propres. Les architectes du xviie siècle,
sans être comme les Romains les successeurs immédiats du

peuple qui a trouvé l'expression la plus élevée de la beauté,
reproduisirent exactement dans leur architecture des formes
connues; dans ce milieu, où l'idée d'ajuster la chose antérieurement trouvée, apparaît comme l'esprit même de l'art,
les artistes du Val-de-Grâce se rattachèrent aux ordres

Fig. 7 (à 0,15 p. m.).

romains qui étaient pour eux le type unique du beau. Le
Mercier d'ailleurs avait un point de départ déterminé par
son devancier et dont il ne pouvait guère sortir : aussi,
dans l'ordre intérieur, de l'église, l'architecte n'a-t-il rien
introduit de personnel, mais il y a lieu d'admirer la per-
fection de dessin et d'exécution des chapiteaux dont voici
(fig. 7) l'une des feuilles inférieures. Si l'on compare ces

chapiteaux à ceux de la Sorbonne on demeure surpris de la très-grande infériorité de ceux-ci.

Nous avons parlé de la reproduction, telle quelle, en pierre de taille, de certains caissons imités de l'antique. Il existe des caissons de ce genre dans quelques parties des voûtes environnant le dôme; mais les détails de la sculpture qui les orne sont traités si librement et avec tant d'habileté qu'on ne peut passer sous silence les jolies rosaces qu'ils contiennent. Ils sont placées dans les voûtes entre les piliers du dôme. Ces rosaces sont variées et produisent par conséquent un effet moins froid et beaucoup plus attrayant.

Fig. 8.   (au 5ᵉ dé l'exécution)   Fig. 9.

Nous donnons (fig. 8 et 9) deux rosaces des petites voûtes situées sur les diagonales du plan et (fig. 10 et 11) deux petits caissons carrés des grandes voûtes de forme sphéroïde au-dessus de l'entrée des chapelles Sainte-Anne et Saint-Louis.

De très-remarquables motifs occupent les caissons des arcs en pénétration donnant dans ces dernières chapelles. Nous en avons choisi quatre, dont deux représentent des objets sacrés : une aiguière avec burettes et un brûle-par-fums (Pl. XI et XII), et deux autres, des végétaux : un olivier et un pêcher (Pl. XIII et XIV). Nous en avons fait faire des

estampages afin de pouvoir les dessiner plus exactement.
Il y a dans ces motifs, très-variés et pleins d'imagination, un
souvenir fécond de la nature et de l'antiquité qui charme, et

Fig. 10.

en même temps une liberté d'expression et de *faire* qu'on
n'est pas habitué à voir dans la sculpture de cette époque,
souvent accusée, et avec raison, d'être *poncive*. Bien plus, on
y sent encore, selon nous, un reste de tradition de notre art
français du moyen âge : la flore locale y a été souvent

interprétée, et elle y est traitée avec un peu du même esprit et beaucoup du même amour. On sera encore plus pénétré de ce fait en examinant les détails d'ornement, tous plus intéressants les uns que les autres, de la chapelle Saint-Anne.

Les voûtes de celles-ci sont décorées en outre, au centre, d'un médaillon occupé par une grande figure d'ange aux ailes éployées et tenant l'image de la patronne de la Reine; elle est composée et modelée de main de maître.

Fig. 11.

Avant de quitter l'intérieur de l'église du Val-de-Grâce, où la beauté des marbres les plus divers le disputent à la pierre la mieux choisie, parlons de deux autres matières, le fer et le bois, que l'art s'est complu dans ce lieu à revêtir de formes toutes particulières.

Les deux chapelles Sainte-Anne et Saint-Louis sont fermées par des grilles dont l'encadrement est représenté

(fig. 12) à l'échelle de cinq centimètres pour un mètre. Les
chiffres du Roi et de la Reine et des fleurs de lis occupaient,

Fig. 12.

Fig. 13.   Fig. 14.   Fig. 15.

sans doute, alternativement, les médaillons ; ils ont disparu
en 1793 (nous les indiquons en lignes ponctuées) ; des
rosaces en tôle repoussée (fig. 13, 14, 15 et 16) sont

ajustées à la rencontre des cercles entrelacés, ainsi que le
fleuron (fig. 17). Les grilles dorées de ces deux chapelles et
celles des autres arcades sous le dôme peuvent, d'après
notre calcul, peser 21,700 kilogrammes, et coûteraient
anjourd'hui 75,000 francs.

Fig. 16.   Fig. 17.

Le bois même, disions-nous, a servi à compléter toutes
ces richesses artistiques. Depuis plus de deux cents ans
que les parties supérieures du baldaquin sont exécutées,

Fig. 18.

elles n'ont pas souffert; très-bien dorées, on pourrait les
prendre pour du bronze. Il n'y a de bronze cependant que
les ornements des colonnes, lesquelles sont en marbre de
Barbançon et ont coûté, dit-on, dix mille francs chacune.
Nous avons dessiné (fig. 18) l'ornement qui décore la cou-

9

ronne intermédiaire, en bois, réunissant les deux étages de
consoles; ce sont des grenades mûres, entr'ouvertes, qui
tiennent ici la place des oves qu'on voit dans les corniches

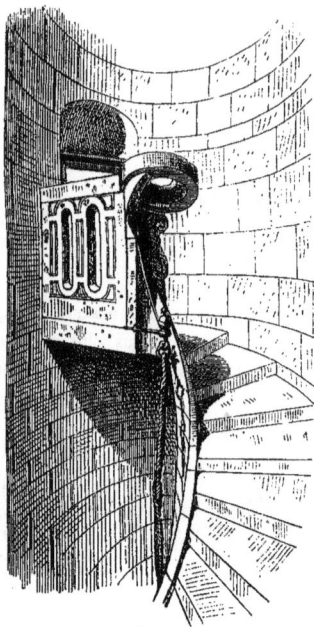

Fig. 19.

antiques; mais chacune de ces grenades, emblème de fécon-
dité, est variée par la forme de sa déchirure, afin d'éviter la
monotonie dans l'aspect.

Si l'on pénètre dans les parties du monument interdites

au public, comme les escaliers circulaires qui conduisent à
la coupole, on y voit encore les traces d'un art sérieux et
charmant. Il faut remarquer en effet le système de construction des marches de ces escaliers qui forment limon
et se terminent au palier supérieur, dans les lanternons, par
un petit mur d'appui, ou balustrade à jour, ainsi qu'on peut
le voir à la fig. 19. Sur l'épaisseur du palier on a fixé un sup-

Fig. 20.

port en fer auquel est attaché un câble, tombant dans le
vide, ou à-jour, formé par le limon, et qu'on saisit pour mon-
ter plus facilement. La balustrade du palier est munie d'un
œil-de-bœuf horizontal placé dans l'axe du système qui permet de voir du palier ce qui se passe au pied de l'escalier.
Si tout cela risque d'être regardé par nos positivistes modernes comme une superfluité, c'est au contraire pour nous
le caractère de l'une des nécessités de l'art et l'un des signes
de ce respect, de cet amour du beau, manifesté jusque dans

les lieux les moins accessibles, qui animaient encore nos
pères, et que nous sommes heureux de faire ressortir ici.

Avant de parler de la grande fresque de Mignard vers
laquelle conduisent ces escaliers, jetons un coup d'œil à
l'extérieur de la chapelle du Saint-Sacrement sur les angles
de laquelle sont placés des groupes d'anges, de François
Anguier, dont voici (fig. 20, 21 et 22) le profil de quelques

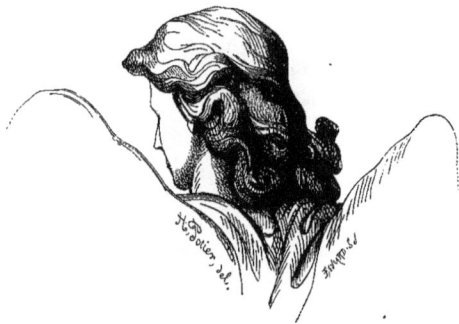

Fig. 21.

têtes; on en remarquera le noble caractère[1], et si,
dans notre visite nous regardons les grands combles du
monastère, nous verrons l'un de ces vases (fig. 23) si heureusement posés sur les angles des grands pavillons; la
composition en est très-originale; il n'a rien de commun avec
un ustensile, aussi n'y peut-on voir qu'un sommet décoratif,

1. Ces groupes ont été malheureusement réparés par des mains inha-
biles.

qu'un gracieux amortissement de l'architecture inférieure.
Quatre grosses fleurs terminant des crochets qu'on croirait,
par leur forme, beaucoup plus anciens, en rompent agréa-
blement la silhouette au-dessus de la panse. Certes, ces
vases n'ont été copiés nulle part, il faut rendre cette justice
à l'architecte.

Fig. 22.

Nous voici arrivés à la peinture de la coupole. Mignard
la commença et la termina en 1663. Huit mois avaient
suffi (d'autres ont dit trois) pour parfaire ce travail composé de plus de deux cents figures. Le diamètre de la
coupole, on le sait, est de dix-neuf mètres. C'est la plus
grande fresque qui existe; non-seulement par ses dimensions uniques, mais encore par la puissance de sa composition et sa mise en scène, elle offre un intérêt des plus vifs.

L'idée de l'artiste a été de représenter le séjour des

Fig. 23.

bienheureux. Un très-grand nombre de saints personnages
surmontés de légions d'anges forment la cour céleste

où trône un Père éternel rappelant les compositions de
Raphaël, et dont la tête est d'un beau dessin et l'expression
d'une grande noblesse. Le Fils et le Saint-Esprit complètent
ce groupe de la Sainte-Trinité.

Dans la zone inférieure on remarque la figure de la
Sainte-Vierge dont le style et le coloris sont préférables
aux autres figures ses voisines, d'ailleurs altérées par quelques taches d'humidité. On a placé dans cette zone Saint-
Jean-Baptiste, l'Archange Saint-Michel et des chœurs
d'Anges et de Séraphins.

Au bas de la coupole, à gauche, en arrivant, on voit un
principal groupe où la Reine Anne d'Autriche, agenouillée
et soutenue par sa sainte patronne, offre à Dieu, par l'intermédiaire du roi Saint-Louis, l'église du Val-de-Grâce
dont elle tient le modèle entre ses mains. Nous donnons
(Pl. XIV) un dessin de ce groupe qui est, pour ainsi dire,
l'âme du monument. La Reine, dans une attitude suppliante,
est couverte du manteau royal de velours bleu à fleurs de lis
d'or; à ses pieds est un coussin de velours rouge brodé d'or;
Sainte-Anne est vêtue d'une robe d'un ton lilas rosé et d'un
manteau jaune. Cet ensemble de figures, d'un faire savant
et d'une belle conservation, semble avoir été de la part de
l'artiste l'objet de soins particuliers; il faut citer aussi la
ressemblance frappante de la Reine. On distingue encore
de ce côté, et faites avec le même soin, Sainte-Agnès,
Sainte-Thérèse, Sainte-Cécile.

A droite, Saint-Jérôme, Saint-Pierre, Saint-Augustin,
Saint-Benoît, puis des Pères de l'Église, des abbés, des
moines, et un peu plus haut des martyrs : Saint-Laurent,
Saint-Étienne. Ces parties de l'œuvre nous paraissent
plus faibles de composition et de dessin. Au-dessus du

maître-autel l'arche d'alliance est portée par des anges.

Vis-à-vis sont réunis des Patriarches, des Législateurs, des Rois : on reconnaît Abraham, Moïse, Aaron, David, Constantin.

L'ensemble de cette peinture, faite avec tant de rapidité, laissait à désirer sans doute, aux yeux même de son auteur, car il l'a retouchée aux pastels et ces retouches peu solides ont pâli ; diverses parties sont encore fort brillantes tandis que d'autres manquent d'harmonie. Déjà, en 1787, Dulaure constatait que cette peinture perdait insensiblement de la vivacité de ses couleurs.

Néanmoins l'ensemble de cette œuvre est plein de beautés, sa gamme générale est claire, on n'y voit pas de *noirs*, et cependant toutes les figures sont brillantes ; les tons sont échelonnés pour produire de la profondeur ; les draperies des figures ont un peu la même valeur, ce qui évite les *trous* et produit ce genre de solidité qu'exige toute peinture monumentale.

Ce chef-d'œuvre de Mignard, aussi bien que l'église du Val-de-Grâce elle-même, eut un grand retentissement lorsqu'il fut achevé. Qui ne connaît la fameuse pièce de vers composée par Molière, *la Gloire du Val-de-Grâce*,[1] et qui débute ainsi :

« *Digne fruit de vingt ans de travaux somptueüs,*
Auguste bâstiment, Temple majestueüs,
Dont le dôme superbe, élevé dans la nüe,
Pare du grand Paris la magnifique Vueïe,
Et parmi tant d'objets semez de toutes parts,
Du voyageur surpris prend les premiers regards. »

1. A Paris chez Jean Ribou, 1669.

L'admiration du public dépassa même toutes les bornes, à en croire la suite du poëme ; on peut aussi remarquer le ton emphatique du grand écrivain exprimant les idées de son temps à propos des arts du passé qu'il dénigre et méprise avec assurance :

« *Tout s'y voit tiré d'un vaste fond d'esprit,*
Assaisonné du sel de nos grâces antiques,
Et non du fade goust des ornemens gothiques ;
Ces monstres odieux des siècles ignorans,
Que de la barbarie ont produits les torrens. »

Cette pièce de vers a été illustrée de charmantes vignettes par Mignard lui-même ; son crayon peu modeste n'hésita pas devant la généreuse plume de son ami qui défiait l'avenir, en s'écriant :

..... Nuls travaux enfantez
De ton noble travail n'atteindront les beautez. »

Dulaure lui-même n'écrivait-il pas aussi : « Le célèbre Mignard a atteint les bornes prescrites à l'humanité. [1] »

Mignard, disons-le, avait une foi robuste dans son génie. Vers et vignettes sont-ils véritablement de bon aloi ?

On alla plus loin : « Sa fille, madame de Feuquières, a fait faire la vie de ce peintre par l'abbé de Mondeville, et pour flatter sa vanité on y a mis à la tête une généalogie romanesque à laquelle ceux de Troyes, qui connaissaient l'origine de cette famille, étaient bien éloignés d'ajouter foi. [2] »

1. *Nouvelle Description des curiosités de Paris*, 1787.
2. Notes manuscrites de Mariette.

Mais laissons de côté ces faiblesses de l'homme et n'examinons que l'œuvre de l'artiste.

L'un de nos meilleurs écrivains contemporains, après avoir démontré la véritable valeur de la fresque du Val-de-Grâce, fait très-justement remarquer qu'il n'est pas cent personnes dans Paris qui aujourd'hui connaissent l'œuvre de Mignard, qui aient vu cette coupole autrement que d'un coup d'œil, en passant, et par le bénéfice du hasard, et « c'est chose affligeante en vérité », écrit-il[1], « que notre indifférence à l'endroit de certains maîtres qui ont illustré jadis notre école, quand le moindre tableau de chevalet, pour quelques touches heureuses, quelques taches brillantes, a le droit d'appeler notre attention, d'exercer la plume des critiques, de faire accourir au Salon tout Paris... »

« Qu'il y ait, » ajoute-t-il encore, « dans cet immense ouvrage, quelques défauts, des incorrections de dessin, notamment des proportions démesurées dans la figure de saint Benoît; qu'on puisse y noter des emprunts trop évidents faits aux maîtres italiens, à Raphaël, par exemple, dont le *Saint-Michel* est reproduit presque tout entier, au Dominiquin, au Guide, aux Carraches, au Tintoret, cela n'est pas contestable et il serait puéril de s'y arrêter. Quand on met en scène et en mouvement deux cents figures, il est permis, il est même souvent convenable de rappeler aux yeux des chefs-d'œuvre connus, impossibles d'ailleurs à surpasser, et qui ont dans l'histoire de l'art l'importance d'une tradition. »

Parlons, après la fresque de la coupole du Val-de-Grâce, d'une peinture à l'huile placée dans la voûte en cul-de-four de la chapelle du Saint-Sacrement, qui est due au pinceau

_____

1. *Histoire des peintres*, par Ch. Blanc.

de Philippe de Champagne, et dont le sujet, si bien en rapport avec sa destination, *le Christ présentant la sainte Hostie à*
l'adoration des Anges qui l'entourent, est expliqué par l'inscription gravée à l'extérieur de la chapelle vis-à-vis le maître-
autel, et dont nous avons donné le texte précédemment.

Ce sujet comprend, sans compter le Christ, neuf figures
entières d'anges, de grandeur naturelle, et vingt-cinq têtes
d'anges ailées. La composition et le dessin en sont très-beaux
et le coloris en est fin et brillant. Les draperies sont mode-
lées avec des tons changeants. La peinture est appliquée à
cru sur la pierre; elle n'est pas en très-bon état: quelques
joints de l'appareil se sont ouverts par suite d'un petit tasse-
ment dans la construction.

Il n'est question, à notre connaissance, que dans Hurtaut,[1]
de l'importance de ce chef-d'œuvre du maître; tous ses
tableaux sont sur toile et dans les musées; cette peinture
est peut-être la seule de ce genre qu'il ait faite, et il ne
faudrait qu'une de ces circonstances malheureuses, par
trop fréquentes, pour l'anéantir; aussi verrions-nous avec
bonheur l'administration des Beaux-Arts en faire exécuter
une bonne et sérieuse copie.

Après avoir passé en revue les parties intéressantes de
l'église et du monastère du Val-de-Grâce, et avoir suivi les
artistes dans la composition de leur œuvre, il nous reste
sur l'ensemble du monument une impression que nous cher-
cherons à résumer.

La pensée du fondateur, Anne d'Autriche, fut toute
chrétienne. Le vocable qu'elle choisit, s'il n'était pas abso-

1. Vol. 1. p. 128. Voir aussi la *Description archéologique des monuments de*
Paris, par M. F. de Guilhermy, 1856.

lument de tradition, n'en était pas moins orthodoxe : devenue
mère, elle était plus que jamais pénétrée de la grandeur de
ce culte de la Nativité de Jésus-Christ, et l'adoptait.

De quels moyens disposait-elle pour réaliser sa pensée?
Le temps où elle vivait produisait des architectes, des
artistes, ayant étudié avec enthousiasme sans aucun doute,
les dispositions et les beautés de l'art païen, de l'antiquité.
A cette époque, non-seulement la tradition avec l'art du
moyen âge était rompue depuis longtemps, mais encore
le sentiment public, Molière nous l'a dit avec passion,
considérait déjà ces chefs-d'œuvre comme des « monstres
odieux des siècles ignorants ». La Reine croyait certainement elle-même à ce qu'on prenait alors pour la vérité, et
l'idée ne put lui venir un instant qu'il y avait entre sa pensée
et les moyens d'exécution une certaine contradiction esthétique. Avec des éléments d'architecture antique, on éleva
donc, suivant les données contemporaines, un vaste édifice
à l'unique Dieu des chrétiens fait homme. Nous avons émis
l'opinion, qu'emprunter, sans y rien changer, les productions du style romain, avec leurs exactes proportions,
quelque belles qu'on les trouve, et les appliquer ainsi
dans des conditions très-différentes, c'est, en principe,
commettre une erreur. C'est une abdication pure et simple
de l'artiste en face d'une beauté permanente ; c'est, en un
mot, un aveu d'impuissance. Mais on était frappé de cete
beauté incontestable, et on s'en emparait pour revêtir les édifices comme on se serait affublé volontiers, à la façon du
Roi-Soleil, d'une belle armure antique malgré qu'elle expri-
mât si peu les usages présents de la guerre et la marche
de l'esprit humain.

Cependant, ainsi que nous l'avons dit, voulant juger les

œuvres et les artistes d'une époque, nous ne croyons pas
qu'il faille rendre chacun de ceux-ci responsables des idées
admises au temps où ils ont vécu, et encore moins la
Reine-mère. Cela étant donné, et les principes de l'école du
xviiᵉ siècle étant adoptés, nous croyons qu'Anne d'Autriche
a été très-bien secondée dans l'exécution de ses projets.

Les dispositions générales et les détails du plan de
l'édifice, qui sont indépendants du style, ont une ampleur
merveilleuse, les services y fonctionnent commodément, et,
à ce point de vue, nous ne saurions que louer l'œuvre
tout entière.

Si nous avions à apprécier la mesure des besoins matériels devant suffire à un monastère, et celle qu'on s'est im-
posée ici, nous dirions qu'on pourra la trouver exagérée;
mais il faut considérer qu'il s'agit de la pieuse offrande
d'une reine, et certes elle a été faite largement, royalement.
Ne nous en plaignons pas en envisageant le résultat artistique obtenu.

Nous avons déjà parlé de la liberté d'esprit qui, sous bien
des côtés, apparaît dans cette œuvre. Si le plan, bien raisonné, est tracé par une main habile, avec cette facilité que
possède l'homme qui sait et qui n'hésite pas, il faut voir dans
le style des qualités équivalentes.

La tradition avec le moyen âge, nous l'avons dit, était
rompue. Mais en adoptant successivement divers principes
esthétiques, les générations d'un même peuple héritent des
dispositions naturelles qui tiennent à la race. Et si l'on
voit au Val-de-Grâce la salle capitulaire et les réfectoires
éclairés par des arcs en ogive[1], des fleurs rappelant

1. Ils auraient été élevés par Le Muet et Le Duc à partir de 1665.

la forme des crochets du XIIIᵉ siècle (fig. 23), quelques gargouilles rejetant les eaux pluviales, etc., derniers souvenirs d'un art alors méprisé, il est intéressant de signaler le caractère relativement indépendant, l'esprit inventif et vraiment français qui dominent dans l'ensemble des formes de l'architecture comme dans la décoration sculpturale.

Si la symétrie dans les masses y est considérée comme une nécessité, elle est le plus souvent bannie des détails.

La variété est une des conditions premières de l'existence du charme dans toute œuvre d'art, et depuis la *Maison carrée* de Nîmes et les *Thermes* de Néris, par exemple, jusqu'à certains édifices de la fin du XVIIᵉ siècle, on peut voir souvent, dans notre pays, le principe de la symétrie absolue rejeté de la décoration[1]. Le Val-de-Grâce a été l'une des dernières manifestations de cet esprit qui sait charmer par son abandon et sa diversité.

En lui comparant d'autres édifices, ainsi que nous l'avons déjà fait, la Sorbonne, production ·relativement médiocre qui lui est antérieure, et le dôme des Invalides, très-belle œuvre qui lui est postérieure, nous constatons que ces monuments sont empreints en général d'une bien plus grande froideur dans la composition et dans l'expression.

Enfin, malgré que plusieurs architectes aient concouru à l'édification de l'église et du monastère du Val-de-Grâce, il nous a semblé, dans un esprit de justice, que deux noms seuls devaient être particulièrement signalés. On répète sou-

---

1. Les corniches latérales de la Maison carrée sont différentes entre elles ; les chapiteaux des Thermes retrouvés à Néris ont des fleurons très-variés.

vent que Mansart est l'auteur du Val-de-Grâce, et encore
ne précise-t-on pas toujours celui duquel il s'agit. C'est
François Mansart qui a tracé les dispositions générales
du plan et des façades, et c'est Gabriel Le Duc qui a étudié
les détails de l'architecture, composé et étudié l'ensemble
de l'ornementation.

Ici nous devons dire un mot, on va voir pour quelle
raison, de l'excellent usage qui existait encore à cette
époque de tailler les pierres sur le chantier et de ne les
mettre en place qu'entièrement achevées[1]. Il est à regretter,
suivant nous, dans l'intérêt des travaux aussi bien que pour
former de bons appareilleurs et ouvriers, on ait renoncé de
nos jours à cette méthode. N'est-il pas, en effet, absolument
nécessaire, pour procéder comme on le faisait autrefois, de
connaître exactement, à l'avance, dans tous leurs détails, les
formes que projette l'architecte, et de les exécuter isolé-
ment, et toujours à l'avance, avec la plus grande précision?
N'en résultait-il pas que l'ouvrier, obligé de tout prévoir,
développait considérablement, et parfois sans s'en douter,
son intelligence, s'intéressait vivement à l'œuvre qu'il voyait
surgir du sol, tout armée, pour ainsi dire, et acquérait, en
outre, une expérience des plus précieuses et si exception-
nelle, qu'il est rare aujourd'hui d'en trouver de semblable[2].

1. Dans le service des architectes diocésains, chargés aujourd'hui et de l'entretien et de la restauration de nos cathédrales, on a depuis longtemps remis
en vigueur cette méthode qui donne les meilleurs résultats.

2. Il est aisé de reconnaître au Val-de-Grâce, sur les parties de l'édifice non
grattées depuis, que les parements des pierres ont été taillés avant la pose, avec
l'outil appelé *bretture à dents;* un même coup de cet outil, en effet, ne passe jamais
en travers d'un joint, une ciselure délimite souvent les contours de chaque
surface; les moulures ne se raccordent pas avec cette sèche régularité qu'on
remarque dans celles qu'on fait aujourd'hui au moyen du *rabot.* Il est vrai que

Il résulte de ces observations que les pierres employées à la construction du Val-de-Grâce ont été terminées avant que d'être posées.

Si nous nous appesantissons sur ce détail technique, c'est qu'il acquiert une grande importance dans un édifice construit par plusieurs architectes. On comprend, en effet, qu'avec notre système moderne, qui consiste à tailler des formes sur un mur tout élevé, comme on le ferait dans un rocher, l'architecte d'un monument qui n'en a pas dirigé le gros-œuvre, mais qui fait tailler seulement les surfaces et les moulures qui les recouvrent, peut les composer à sa guise, ce qui n'a pu avoir lieu au Val-de-Grâce : chacune des parties distinctes, construite par tel ou tel artiste, est donc *tout entière* son œuvre personnelle.

Dès lors on peut dire que certains architectes qui ont pris part à cet important travail y ont mis peu d'eux-mêmes. Ainsi Le Mercier intervenait lorsque déjà les murs étaient élevés à neuf pieds au-dessus du dallage, trouvait l'ordre intérieur commencé et s'arrêtait à la naissance des grandes voûtes; il est vrai qu'on lui doit la disposition actuelle de la chapelle du Saint-Sacrement. Le Muet construisit le portique d'entrée; il ne continua qu'une petite partie de l'édifice, et encore suivit-il la disposition arrêtée par Mansart, et en cédant bientôt la place à Le Duc qui fit tout le reste [1]. Nous voyons donc que François Mansart et Gabriel Le Duc

la spéculation, s'imaginant que par l'ancienne manière on ne peut aller vite, l'a tout simplement rejetée.

1. Beaucoup d'auteurs ont mis en avant un cinquième nom, celui d'Antoine du Val Broutil. Nous pensons que c'est une erreur. Nous avons vu cet auxiliaire remplissant des fonctions diverses sous les ordres de plusieurs architectes du Val-de-Grâce, mais non celles de directeur principal des travaux.

sont les seuls maîtres qui aient imprimé le sceau de leur
génie à ce monument si remarquable par l'ampleur et la
magnificence. Mais c'est à ce dernier particulièrement, trop
peu connu, que nous voulons rendre justice; nous lui devons
ce qu'il y a de délicat et d'attachant dans cette grande
œuvre d'art, bien digne expression de la reconnaissance
d'une reine pour le don le plus précieux que puisse recevoir le cœur d'une mère.

Fig. 24.

III

Il nous reste à faire connaître les détails biographiques que nous avons pu recueillir sur la vie et les ouvrages des divers artistes dont il a été parlé précédemment et de plusieurs autres qui ont contribué d'une manière secondaire à l'achèvement du noble édifice que nous venons d'étudier.

L'étendue relative de chacune des notices suivantes qui leur sont consacrées n'est peut-être pas en rapport avec l'importance du concours apporté par chacun d'eux à cette grande œuvre. Nous n'avons trouvé sur quelques-uns que peu de renseignements, et ce n'est pas malheureusement sur les hommes les plus considérables que nous pouvons dire le plus de choses, qu'il s'agisse de leurs travaux ou de leur vie privée.

François Mansart, par exemple, dont le talent avait toujours été tenu, de son vivant, pour l'un des plus élevés parmi ses contemporains, et qui est l'auteur des plans de l'abbaye du Val-de-Grâce, a construit beaucoup d'édifices qui ont disparu; Gabriel Le Duc, à qui l'on doit une grande part des beautés si remarquables de l'église, est à peine connu, et nous ne savons rien de sa vie. Il a donc fallu nous contenter de ce que nous avons pu connaître sur quelques-uns des auteurs de notre monument.

Nous les classons d'après leur profession et leur participation à l'œuvre dont il s'agit. Voici leurs noms :

ARCHITECTES : *François Mansart, Le Mercier, Le Muet, Gabriel Le Duc, Antoine du Val Broutil.*

SCULPTEURS : *François Anguier, Michel Anguier, Philippe Buistier, Thomas Regnauldin, Pierre Sarrazin.*

PEINTRES : *Pierre Mignard, Philippe de Champagne, Jean-Baptiste de Champagne.*

FRANÇOIS MANSART. Quatremère de Quincy, dans son *Histoire de la vie et des ouvrages des plus célèbres architectes,* lui a consacré quelques lignes seulement, et encore sont-elles dans l'*Appendice.* Il s'étend beaucoup, au contraire, sur certains architectes italiens du mérite le plus contestable, selon nous, et il ne nous semble pas avoir donné à cet architecte toute l'importance qu'il mérite. C'est à des auteurs français plus anciens qu'il faut demander les renseignements que nous cherchons.

La famille de François Mansart est originaire d'Italie. L'abbé Lambert, dans son *Histoire littéraire du siècle de Louis XIV,* dit que *Michaele Mansarto, cavaliere romano,* en fut le chef, et que ses descendants se naturalisèrent fort anciennement en France. Un des fils de ce Mansart aurait été maître de mathématiques du roi Robert et architecte de Hugues-Capet. Le nom de Mansart se trouve encore dans l'histoire de Charles V, dans le journal de Charles VII, et se rattache à un grand nombre de monuments des règnes de Louis le Gros, de Louis VII, de Philippe le Bel et de François Ier.

Le père de François Mansart fut Absalon Mansart,
charpentier du roi, ou plutôt, selon Charles Perrault,
architecte. Son nom, à la fin duquel on place quelquefois
un *d,* veut un *t,* d'après son origine, et d'ailleurs la signa-
ture même de François Mansart indique cette orthographe,
non conforme cependant à son acte de baptême[1].

François naquit à Paris, au faubourg Saint-Victor, le
23 janvier 1598, et fut élève de son oncle, Germain Gauthier, architecte du roi. « Ses premiers ouvrages[2] furent la
restauration de l'hôtel de Toulouse[3]; le portail de l'église
des Feuillants, à Paris, aujourd'hui détruit; le château de
Berny, celui de Balleroy, en Normandie[4], et une partie de
celui de Choisy-sur-Seine; en 1632, le commandeur de
Sillery lui demanda les dessins de l'église des Filles-Sainte-
Marie, de la rue Saint-Antoine, à l'érection de laquelle il
contribua puissamment; le grand et important édifice du
château de Blois (1635), que fit ériger Gaston de France,
duc d'Orléans, mais qui ne fut point achevé. Les dehors et

1. Voir aux *Pièces justificatives,* B.

2. Voir la *Biographie universelle* de Michaut frères, à laquelle nous emprun-
tons ces lignes.

3. Commencé en 1635 sous le nom d'hôtel de la Vrillière, et devenu en 1821
la Banque de France.

4. Une petite vue de ce château est gravée dans la *Statistique monumentale
du Calvados,* tome III (1857). L'auteur, de Caumont, attribue, à tort, sa construction à l'architecte de l'Hôtel des Invalides qui est Jules Hardouin
Mansart, petit neveu de François, et dont il sera question plus loin. En effet
Jean de Choisy, intendant de Metz, Chevalier, Conseiller du roi et du duc
d'Orléans, seigneur de Balleroy, de Beaumont, etc., jeta les fondements du
château actuel, de 1626 à 1636, et par conséquent avant la naissance de Jules
Hardouin Mansart; ce château fut plus tard décoré de peintures par Lemoine,
peintre du roi, auteur des plafonds d'Hercule, à Versailles. Lemoine, étant né
en 1688, ne put davantage être mis à l'œuvre par François Mansart, quoi qu'en
dise l'auteur de la *Statistique.*

les jardins du château de Gèvres, et une partie de celui de
Fresnes, sont encore dus à Mansart. »

« La reine Anne d'Autriche, voulant signaler sa piété
par un monument, résolut de faire construire le Val-de-
Grâce (1645). Mansart lui fut désigné comme l'artiste le
plus capable de seconder ses vues. Peu de temps après, il
bâtit l'église des Dames de Sainte-Marie, de Chaillot, aujour-
d'hui démolie ; le château de Maisons, près Saint-Germain-
en-Laye (1642), mit le sceau à sa réputation. Mais à peine
en avait-il, sur la demande du président de Longueil, élevé
une aile, que, sans en avertir le propriétaire, il la démolit
pour la refaire sur un autre plan. Cette instabilité fut cause
qu'on ne le chargea pas de la construction du Louvre.
Colbert lui avait demandé les plans de cet édifice ; Mansart
en présenta au ministre plusieurs fort beaux, mais qui
n'étaient que de simples croquis. Colbert le pressa de les
arrêter et de les mettre au net afin qu'il pût les soumettre à
l'approbation du roi. L'artiste ne voulut point s'astreindre à
un travail qui contrariait son génie indépendant. Le Bernin
fut appelé de Rome, mais Perrault eut la gloire d'élever ce
grand édifice. Le dernier ouvrage de Mansart fut le portail
de l'église des Minimes de la place Royale qui n'existe plus
aujourd'hui. C'est lui qui a inventé cette sorte de couverture brisée qui a pris le nom de *mansarde...* »

On a vu que Mansart déploya tout son génie dans
la construction de la chapelle du château de Fresnes, qu'il
exécuta en 1647. Germain Brice [1] explique, à propos du
Val-de-Grâce, dans quelle condition cette chapelle fut construite ; nous citons, mot à mot, le texte qui s'y rapporte, à

---

1. *Nouvelle Description de la ville de Paris*, tome III, 1725.

cause de l'intérêt que présentent les appréciations de l'auteur sur le talent et la réputation de l'architecte :

« François Mansart, dont on a parlé si souvent, alors le plus renommé de tous les architectes français, fut choisi comme le plus capable d'imaginer quelque chose de grand et d'extraordinaire ; et les dessins qu'il proposa furent si goûtés de tout le monde, qu'on lui abandonna la conduite de ce grand ouvrage. Il en jeta les fondements qui occasionnèrent des travaux et des dépenses immenses ; car lorsqu'on ouvrit la terre pour établir les premières assises, on découvrit des carrières profondes, et il fallut descendre prodigieusement pour trouver un bon fond. Mansart fit ensuite élever les murs hors de terre jusqu'environ à la hauteur de neuf pieds. Mais cet architecte, difficile à se satisfaire, n'ayant point voulu promettre de ne rien changer aux dessins qu'il avait donnés, et ayant fait connaître, au contraire, qu'il réformerait sans façon, à mesure que l'édifice se formerait, tout ce qui pourrait lui déplaire, on pensa que ce serait courir trop de risques, et que d'ailleurs le bâtiment tirerait en longueur, aussi on lui en ôta la conduite et on la donna à *Jacques Le Mercier,* qui continua le bâtiment jusqu'à la hauteur de la première corniche, et ajouta au premier plan la chapelle du Saint-Sacrement qui est derrière le chevet de l'église. »

« Mansart piqué, comme on peut le croire, de ce qui venait de se passer, crut qu'il était de son honneur d'en tirer vengeance. La manière dont il s'y prit fut aussi sage qu'elle était ingénieuse. Il engagea *Henri du Plessis de Guénégaud,* Secrétaire d'État, à faire bâtir une chapelle dans son château de Fresnes, à sept lieues de Paris, qui appartient présentement à Henri-François d'Aguesseau, chancelier de

France, et il y exécuta en petit[1] le superbe dessin qu'il avait
projeté pour le Val-de-Grâce, en cas qu'on lui eût laissé
une entière liberté. On s'imagine aisément qu'il ne s'y né-
gligea pas; jamais bâtiment ne fut fait avec plus de soin de
la part de l'architecte. Aussi est-ce, au sentiment des
meilleurs connaisseurs, le plus parfait morceau d'architecture qu'il y ait dans le royaume. »

Ce château, devenu la propriété du chancelier d'Aguesseau, resta dans sa famille jusqu'en 1826, époque où mourut
le marquis d'Aguesseau, pair de France. La comtesse de
Ségur en hérita et le vendit à une société de spéculateurs
qui le démolit pour bénéficier des matériaux.

Mansart fit encore les châteaux de Bercy, de la Ferté-
Reuilly (Indre), reconstruit en 1859, de Choisy-sur-Seine, de
la Ferté-Saint-Aubin (Loiret), de Petit-Bourg, près Corbeil ;
on lui attribue l'hôtel de ville de Troyes.

Ce qui nous reste aujourd'hui, principalement, en dehors
du Val-de-Grâce, pour apprécier le talent de François Mansart, c'est donc le château de Maisons-Lafitte, qui a été gravé
en sept planches par Mariette, et le temple Sainte-Marie,
rue Saint-Antoine, qui faisait autrefois partie du couvent de
la *Visitation des Filles-de-Sainte-Marie,* dont saint François
de Sales, évêque de Genève, fut le fondateur. La supérieure,
Hélène-Angélique L'Huillier, fit bâtir l'église du couvent,
en 1632, sur le modèle de Notre-Dame-de-la-Rotonde, à
Rome. Mansart, chargé des travaux, l'acheva en 1634; elle
prit le nom de *Notre-Dame-des-Anges.* Ce couvent fut
supprimé en 1790 et devint propriété nationale. Le 12 fri-

---

1. La coupole de la chapelle de Fresnes n'avait guère que le tiers de celle du
Val-de-Grâce.

maire an XI, un arrêté des consuls a concédé à la ville
de Paris l'église *Sainte-Marie* pour être affectée à l'exercice
du culte réformé.

La nièce de François Mansart, Marie Gauthier, épousa
Jules Hardouin, premier peintre du roi ; elle en eut un fils
auquel on donna le prénom de son père et qui annonça de
bonne heure les belles dispositions d'artiste que la nature
lui avait départies. A cause de la grande réputation qu'avait
acquise son grand'oncle, il prit le nom de sa grand'mère,
et se nomma Jules Hardouin, dit Mansart, et enfin *Hardouin
Mansart*. Il finit par recueillir toute la succession de·la
renommée attachée à ce nom depuis un grand nombre
d'années sans atteindre cependant, croyons-nous, à la hauteur du talent de François. Telle n'est pas l'opinion de
Quatremère de Quincy : S'il n'a pas, dit-il dans son recueil,
donné place à François Mansart, c'est que ce recueil est
un choix des plus célèbres architectes, *ou de ceux qui méritent
de l'être*. Il parle de l'indépendance de son génie qui le portait
à changer sans cesse d'idées et qui lui fit perdre beaucoup
d'occasions de s'immortaliser. A cet égard il nous rassure sur
le neveu : Jules Hardouin, ajoute-t-il, était l'un de ces
hommes qui sont tout à la fois l'instrument et le moteur
des grands projets, et tels que Louis XIV savait les trouver.
Il devint en partie ͵ministre du grand roi qui le fit surintendant et ordonnateur général de ses bâtiments ; aucun
architecte n'eut autant de crédit, de fortune et d'honneurs.
On trouve en effet dans un mémoire qui lui est adressé par
Marinier, commis des bâtiments du roi sous Colbert,
Louvois, et Mansart[1], la suscription suivante, qui fait voir

---

1. *Mémoires* du duc de Saint-Simon. Notes, p. 507, vol. XII, édition 1857.

comment on savait encore à cette époque honorer les
artistes de mérite. Cette suscription est ainsi conçue : « A
monseigneur, monseigneur Hardouin Mansart, chevalier de
l'ordre de Saint-Michel, conseiller du Roi en ses conseils,
surintendant et ordonnateur général des bâtiments, jardins,
tapisseries, arts et manufactures de Sa Majesté. »

Qu'il nous soit permis, non de contester ici le mérite
réel de l'auteur du dôme des Invalides, Jules Hardouin, mais
de faire remarquer que l'indépendanee dont fit preuve
François Mansart est une de ces faveurs que la nature n'a
pas accordées à tous les artistes, et qu'il n'y a peut-être pas
lieu sur ce point de blâmer cet architecte autant qu'on l'a
fait, et cela plus particulièrement encore si ses intérêts per-
sonnels en ont souffert. Le fond du caractère de François
Mansart ne semble pas avoir été, à proprement parler, l'or-
gueil, puisqu'il n'hésitait pas à détruire aussitôt celles de ses
œuvres qu'il avait jugées mauvaises. Néanmoins des faits
de cette nature sont condamnables, et on peut en conclure
que son jugement a pu parfois manquer de sûreté. Rappelons-
nous d'un côté que les dépenses considérables résultant
de l'état vraiment exceptionnel du sol sur lequel fut bâti le
Val-de-Grâce (Notre plan pl. II l'indique) ont été l'un des
graves motifs de la disgrâce de Mansart, et que, d'un autre
côté, la chapelle du château de Fresnes passait pour être
le chef-d'œuvre d'architecture de cette époque. Ces faits ne
sont-ils pas de nature au moins à atténuer grandement les
torts qui lui furent imputés ?

A cause de son caractère entier et de sa haute position,
il eut des ennemis. Si plus tard Le Mercier dut se débattre
et se défendre contre Le Poussin qui obtint qu'on modifiât
les projets de décoration intérieure de l'architecte du Louvre,

12

nul doute que l'auteur des plans du Val-de-Grâce n'eût aussi
devant lui des peintres et des sculpteurs qui cherchaient
déjà à exercer leur art avec cette fâcheuse indépendance qui
ne peut, s'il s'agit de décoration générale, que nuire à son
unité. Nous voyons la preuve de certaines agressions
passionnées et toutes personnelles dont fut victime François
Mansart, dans la gravure faite en 1651[1] par Michel Dorigny,
peintre et graveur, élève et gendre de Simon Vouet. Cette
gravure a pour titre : *La Mansarade, ou pompe funèbre du mal-
tôtier de la vertu.* On lit, du côté gauche, *Vaȝi-Voir excudit;*
et de l'autre, *avec privilége de M. Mansart.* Elle a été reproduite, inexactement quant au paysage, dans le 17ᵉ volume
du *Magasin pittoresque* . « Le célèbre architecte, » dit
M. Bonnardot dans son *Histoire artistique et archéologique
de la gravure en France,* « portant un *pied de neȝ,* chevauche
sur un âne entre Montmartre et le gibet de Montfaucon;
son cou se trouve engagé dans une échelle appuyée sur ses
épaules; à la main droite, il tient une sonnette; derrière lui
un singe lui tient un parasol. »

Comme détails topographiques on y remarque les bâtiments de l'abbaye de Montmartre et plusieurs moulins à
vent et les ruines du gibet, dernière étape des malfaiteurs.

Selon l'estampe, il voulait « s'enrichir aux despens des
vertueux artisans, digne pensée du fils d'une meusnière
dont il est issu, et qui sent bien du moulin à vent où il a
esté forgé puisqu'il lui en est tant demeuré dans le cerveau ».

Suit un long texte, tissu d'injures grossières et d'accusations violentes. C'est un *fidel advertissement à ceux qui
font bastir pour se garantir de ses grivellées et de ses ruines.*

1. Voir à la Bibliothèque nationale.

Mansart a bâti, dit-il, « l'hôtel de Condé où il n'a préparé
que des nids pour des araignées, au lieu de donner place
comme il devait à quelque excellent peintre pour y produire quelque pensée qui fût digne du lieu et des princes
qui l'habitent... »

« Il se sert des peintres, des sculpteurs et des menuisiers
pour faire ses dessins... »

« Il imposait non-seulement les maçons, les charpen-
tiers, mais encore les peintres et les sculpteurs... »

« Il aurait voulu que tous les plans des artisans du
royaume lui fussent soumis, et qu'ils ne fussent donnés au
public qu'après son approbation, sous peine d'amende...
Comment un peintre et un sculpteur pourraient-ils supporter une semblable chose? » etc.

Par bienséance nous terminons ici nos citations.

Ne résulte-t-il pas très-clairement de cette caricature
qu'elle a été faite sous l'empire de la passion, par quelque
esprit froissé et intéressé à combattre l'autorité parfois
cependant si légitime de l'architecte?

On nous reprochera peut-être de n'avoir pas gardé le
silence sur une œuvre anonyme d'une si grande trivialité et
qui a pour objet d'atteindre Mansart dans sa réputation
d'honnête homme. Mais nous ne croyons pas qu'elle en
puisse souffrir, et ne sommes-nous pas d'ailleurs un peu
tenu de relater ici tout ce qui tient à l'histoire de nos
artistes?

Si, comme l'annonce l'auteur de cette diatribe, *les armes
les plus communes de ce temps corrompu étaient les plumes,* nous
ne pouvons nous en rapporter à la sienne, et nous n'admet-
trons pas que Mansart ait été *l'ennemi mortel des arts et
des sciences.* Mais il se pourrait bien que des calomnies du

genre de celles-ci aient eu, de loin, quelque influence
sur les décisions de la Reine ou du Cardinal relativement
à l'architecte du Val-de-Grâce, pour *le mettre dehors*,
comme il est dit dans la *Mansarade*, et le faire remplacer
par un autre.

En examinant les édifices qu'il a laissés, et tenant compte
du milieu où il a vécu, nous reconnaîtrons non-seulement
un talent réel dans le choix de leurs proportions et dans
l'expression de leurs formes, mais encore cette indépendance dans la pensée qui est pour nous un rare mérite;
car l'artiste est d'autant plus amoindri qu'il reste dépendant.
On l'a dit d'ailleurs avant nous, François Mansart, d'un
caractère moins souple, il est vrai, que son petit-neveu, lui
était cependant supérieur comme artiste, et peut être
regardé comme l'un des premiers architectes dont s'honore
la France; son nom restera indissolublement lié à la grandeur et à la magnificence des dispositions du monastère du
Val-de-Grâce.

Il mourut à Paris[1], rue Payenne, le 23 septembre 1666,
dans la matinée. « Il y était venu de Fresnes quelques jours
auparavant sur les ordres qu'il y avait reçus de M. Colbert,
pour travailler à un arc de triomphe qui devait se construire
au faubourg Saint-Antoine[2]. »

JACQUES LE MERCIER. — Jacques Le Mercier naquit à
Pontoise vers 1590. Il se rendit à Rome fort jeune encore,
car une gravure qu'il y fit du modèle de l'église Saint-Jean
des Florentins, composé par Michel-Ange, porte la date de

1. *Pièces justificatives* B.
2. Abécédaire de Mariette, vol. 3.

1607. Il y grava aussi, en 1620, le catafalque de Henri III
dont il avait fait les dessins [1].

En 1627, il construisit le château de Silly (Seine-et-Oise).
Richelieu le chargea, en 1629, de la construction de deux
édifices fort importants : le Palais-Cardinal et le collége
de la Sorbonne.

Le Palais-Cardinal, ou Palais-Richelieu, prit le nom de
Palais-Royal après la donation qu'en fit le ministre au roi;
celui-ci l'habita avec la régente Anne d'Autriche. Ce monument a été transformé maintes fois depuis cette époque;
aussi ne reste-t-il aujourd'hui de l'œuvre de Le Mercier
que quelques parties de la seconde cour où l'on voit encore
des proues sculptées en relief avec des ancres et autres
attributs de marine, qui furent reproduits également dans
la décoration du château de Richelieu, en Poitou, par le
même architecte, attendu la charge de surintendant de la
marine et du commerce dont le propriétaire était revêtu.
Le Mercier reconstruisit aussi l'église paroissiale de Richelieu.

Quant au collége de la Sorbonne il avait été fondé, on

1. M. Adolphe Lance, dans son *Dictionnaire des Architectes français*, fixe
à l'année 1585 la naissance de Le Mercier. Il ajoute : « Quatremère de Quincy
« dit qu'on a de lui deux estampes datées de Rome, l'une de 1607, l'autre de
« 1620. A ce compte il aurait séjourné au moins treize ans en Italie, à moins qu'il
« n'y ait fait plusieurs voyages. Mais Quatremère a dû se tromper, car en la
« même année 1620, Le Mercier se rendit de Paris au Havre pour inspecter les
« travaux de l'église Notre-Dame de cette ville. Sans doute il aurait pu se trouver
« à Rome, à Paris et au Havre dans la même année, mais il est difficile d'ad-
« mettre qu'il ait abandonné sa charge d'architecte du roi pour aller à Rome
« graver une estampe. Évidemment cette date de 1620 a été mal lue par Quatre-
« mère, ou bien Le Mercier, qui gravait à Rome en 1620, n'a rien de commun
« avec l'architecte du roi. »

Cette opinion nous semble fondée.

le sait, en 1252, par le confesseur du roi saint Louis,
Robert Sorbon, dont il prit le nom. On y logeait et entre-
tenait quelques pauvres clercs qui étudiaient la théologie ;
ce fut le premier collége de l'université destiné à cette étude
pour des séculiers, et c'est de là que sont sortis les plus
illustres théologiens. Richelieu voulait rendre ce monument
le plus superbe qu'il serait possible ; mais il mourut en 1642,
c'est-à-dire avant l'achèvement des travaux qui avaient été
commencés le 4 juin 1629. Le Mercier avait conçu les
plans de l'ensemble du collége ; il ne commença l'église
que six ans après ; Richelieu en posa lui-même la première
pierre au mois de mai 1635. Elle fut construite tout entière
par ce même architecte, circonstance heureuse qui permet d'apprécier son mérite au moyen d'une œuvre authen-
tique, et qui n'a pu être que favorable à l'unité de
celle-ci ; cela ne peut se faire malheureusement lorsque
plusieurs artistes ont mis successivement la main à un même
édifice.

Le maître-autel de cette église n'était pas de Le Mercier ; il avait été élevé sur les dessins de Pierre Bullet, et
n'existe plus. A en juger par la description qu'en donne
G. Brice, il devait être d'une grande richesse.

Le tombeau de Richelieu, placé autrefois dans le chœur
et aujourd'hui dans le transept de droite, n'est pas non plus
l'œuvre de Le Mercier ; il aurait été composé, dit-on, par
Charles Lebrun, et a été exécuté par le célèbre sculpteur
François Girardon.

Le Mercier eut sa large part, non dans l'invention, mais
dans la construction de la cour du Louvre, car il suivit les
plans de Pierre Lescot pour le rez-de-chaussée, le premier étage et l'attique, en conservant la disposition géné-

rale de la partie inférieure du pavillon de l'Horloge. Il
surmonta, dit Quatremère de Quincy, la masse inférieure
du pavillon, d'une sorte de dôme dont il décora l'élévation
par six figures de femmes cariatides, faisant fonction de
colonnes accouplées et adossées. A l'exception de ce dernier étage, rien n'appartient en propre à l'auteur comme
invention, et l'étonnement naît quand on compare le style
de cet étage avec la Sorbonne. La grande différence qui
existe entre ces deux œuvres ne pourrait, selon nous, s'ex-
pliquer que par une rare souplesse du talent de cet artiste,
ou par la faible part qu'il prit à l'étude des formes adoptées.

Comme architecte du roi, Le Mercier fut encore chargé
de dresser un projet de décoration intérieure de la grande
aile du Louvre joignant les Tuileries, projet qui fut modifié
sur la demande du Poussin, afin de pouvoir y placer des
peintures à sa convenance; mais les nouvelles dispositions
n'eurent pas un meilleur sort. Le Mercier s'en plaignit.
Vouet et Feuquières, rivaux du Poussin, sans avoir son
mérite, se joignirent à l'architecte, et les tracasseries qui
en résultèrent furent cause de la suspension définitive des
travaux.

A cette époque de décadence de l'architecture, l'architecte perdait de sa prépondérance. Nous venons de voir
l'espèce d'anarchie qui en résultait. Ce genre de désordre
s'introduisait dans l'art pour arriver jusqu'à nous.

Nous avons vu que François Mansart conduisit les travaux de l'église du Val-de-Grâce jusqu'à 9 pieds au-dessus
du sol de l'église, et que sa disgrâce arriva par suite des
dépenses considérables qu'ils avaient occasionnées autant
que par l'indépendance trop absolue de son caractère.

Ce fut Le Mercier qui continua les travaux à partir du point où Mansart les avait laissés, et il les mena jusqu'à la hauteur de la naissance des voûtes de la nef. Il apporta aussi un changement très-intéressant au plan de la chapelle dite du Saint-Sacrement, placée au chevet de l'église, et sur lequel il a été donné précédemment quelques détails. D'un autre côté, Quatremère de Quincy exagère, selon nous, la part de gloire qui doit revenir à Le Mercier dans l'œuvre artistique du Val-de-Grâce, quand il en admire la *pureté de l'exécution*. Cet éloge ne doit lui être donné qu'en ce qui concerne la partie relativement peu importante qu'il y a construite.

Par suite des abus qui s'étaient introduits dans le clergé de France, M. de Bérulle fonda la *Congrégation de l'Oratoire de N.-S. Jésus-Christ,* autorisée par le Pape en 1613. L'église de l'Oratoire, rue Saint-Honoré, fut commencée sur les dessins de Métezeau, et la première pierre posée le 22 septembre 1621. Vers le temps où Le Mercier construisit le Palais-Cardinal, il fut chargé de continuer cette église, qui fut terminée par Caqué, ou Caquier, en 1630. Le portail, élevé en 1745, dut être reconstruit en 1774 ; Le Mercier ne s'en est donc pas occupé.

Une décision impériale du 3 février 1811 a désigné cet édifice pour recevoir le Consistoire protestant.

Le Mercier modifia les plans de Métezeau en allongeant l'église de toute la partie circulaire qui lui sert de chœur. Mais on doit à ce dernier l'arrangement sage et original adopté pour les contre-forts de la nef, puisque dans les changements apportés aux plans par Le Mercier, celui-ci n'avait touché qu'à l'abside. Nous avons parlé d'une disposition qui a quelque analogie avec celle-ci à propos de la galerie appliquée autour des chapelles du dôme qu'on voit au Val-de-Grâce; elle a été exécutée assez longtemps après l'église de l'Oratoire. Ici elle est plus simple, puisqu'il n'y a pas de chapelles.

Enfin Le Mercier a conçu les plans de l'église Saint-Roch, rue Saint-Honoré; il en commença la construction en 1653. Il ne la termina pas, car il mourut après avoir achevé le chœur et une partie de la nef; elle resta longtemps sans voûtes. La chapelle de la Vierge date de 1709. Ce fut Jules Robert de Cotte qui dessina le portail, et son fils qui le construisit en 1736. Il ne faudrait donc pas juger définitivement du talent de Le Mercier par cette œuvre d'ailleurs assez médiocre en elle-même au point de vue de l'art.

On lui doit l'hôtel de La Rochefoucauld, rue de Seine, et ceux de Liancourt et de Longeville, tous les deux gravés par Marot.

Les églises de Ruel, de Bagnolet, près Paris, l'église de l'Annonciade à Tours, sont aussi des monuments dus à Jacques Le Mercier et qui démontrent que cet artiste fut très-occupé. Enfin il a publié : *Le magnifique château de Richelieu, en général et en particulier,... commencé et achevé par A. Duplessis, cardinal de Richelieu, sous la conduite de J. Le Mercier, architecte du roy*. Il mourut cependant dans un état voisin de la misère, en 1654. Il lui était né un fils en 1648 [1].

Sauval nous dit qu'il était un peu lent, « matériel, pesant, mais, en récompense, prévoyant, judicieux, profond, solide, en un mot le premier architecte de notre siècle... Charitablement il assistait les ouvriers de ses avis, les

1. *Pièces justificatives* C.

encourageait à bien faire. Jamais il n'a fait défaut à ceux
qui l'ont employé, ni rien abattu de tout ce qu'il avait bâti,
défaut assez ordinaire de nos meilleurs architectes ; aussi
ont-ils moins de vertu et plus de bien qu'il n'avoit. Car tant
s'en faut qu'il fût riche, qu'à sa mort pour payer ses dettes,
on fut obligé de vendre sa bibliothèque, si belle qu'elle fut
vendue dix mille écus... Il mourut des gouttes qui ne lui
étaient venues que d'avoir trop veillé et travaillé en sa
vie ».

PIERRE LE MUET. — Il naquit à Dijon en 1591. Après
avoir appris les mathématiques dans sa ville natale, il étudia
l'architecture civile et militaire, et donna des preuves de sa
capacité dans cette dernière science en fortifiant, par ordre
du cardinal Mazarin, plusieurs villes de Picardie[1]. Il fut l'un
des architectes les plus employés de son temps, si l'on en
croit les notices ou titres de maisons particulières et des
hôtels qu'il construisit, mais dont il serait difficile de
retrouver aujourd'hui les vestiges. « Son véritable titre à
la réputation, » dit Quatremère de Quincy, « est le choix
qu'Anne d'Autriche fit de lui pour achever l'édifice ou
monastère déjà commencé par deux architectes du Val-
de-Grâce, et l'église du même nom, dont il éleva la coupole que racheva Gabriel Le Duc. » On a vu qu'il n'en a
pas été ainsi.

Les travaux avaient été interrompus par les guerres
civiles en 1651 ; il les reprit en 1654, à la hauteur de la
naissance des voûtes de la nef, où Le Mercier, successeur
de François Mansart, les avait laissés. Il éleva la façade

1. *Biographie universelle de Michau frères*, édition 1859.

formée de deux ordres superposés corinthien et composite, et suivit d'ailleurs, quant aux dispositions générales, les plans de Mansart. Gabriel Le Duc lui fut adjoint, et il eut une très-grande part dans la décoration de l'édifice, dont l'ampleur contraste avec la sécheresse du style de l'ingénieur-architecte Le Muet. Celui-ci pouvait être considéré comme fort expérimenté dans la construction et dans la conduite des grandes entreprises, d'autant plus qu'il était attaché à ces travaux depuis leur début, et qu'il avait rendu de grands services à Mansart et à Le Mercier.

Pierre Le Muet donna aussi les nouveaux plans de l'église des Augustins-Déchaussés, ou Notre-Dame-des-Victoires, dite des Petits-Pères, près la place des Victoires, qui avait été fondée en 1629. Elle était trop petite et fut démolie. Le Muet commença donc la nouvelle église. On ne peut se faire une opinion du talent de cet architecte par l'examen de cet édifice, car il ne le conduisit, et en partie seulement, qu'à quelques pieds au-dessus du sol. Libéral Bruant fit faire les parties basses des piliers de la croisée, et Gabriel Le Duc les éleva jusqu'à la hauteur de l'entablement en modifiant les dispositions du transept. Perrault y décora une chapelle, celle du transept de droite, et enfin, en 1737, Cartaud, architecte du duc d'Orléans, continua les travaux.

On doit encore à Pierre Le Muet les plans du château de Luques et de ceux de Laigle et de Beauvilliers.

Il a laissé divers ouvrages, qui sont : la *Manière de bien bâtir pour toutes sortes de personnes, dédiée au Roi ;* 1623 (in-folio, 53 pl.) réimprimée en 1629 et 1663 (in-folio), avec plusieurs figures, plans et élévations des plus beaux bâtiments et édifices de France.

Un *Traité des cinq ordres d'architecture dont se sont servis les anciens, traduit de Paladio ; augmenté de nouvelles inventions pour l'art de bâtir, avec des observations du traducteur ; Paris, 1626 ;* réimprimé en 1647 et 1682. Et *les Règles des cinq ordres d'architecture de Vignole, augmentées et réduites de grand en petit ; in-4°. Paris, 1632.*

Pierre Le Muet mourut à Paris, le 28 septembre 1669, dix-sept ans après sa femme Marie Autissier. (*Pièces justificatives* D.)

GABRIEL LE DUC. — Gabriel Le Duc, l'un des architectes qui doivent nous intéresser le plus après François Mansart, en ce qui concerne l'église du Val-de-Grâce, est fort peu connu, et il nous semble juste de lui donner ici la véritable place qui convient à son mérite.

On ignore la date et le lieu de sa naissance, mais on sait qu'il était Français et qu'il avait fait en Italie de sérieuses études sur les monuments antiques.

La *Biographie universelle de Michau* l'indique comme l'un des derniers architectes du Val-de-Grâce qu'il aurait achevé avec l'aide d'Antoine Du Val Broutel, et *d'après les dessins de François Mansart,* à partir de l'entablement ou naissance des voûtes de la nef. « C'est à tort, est-il dit dans cette biographie, que quelques personnes ont écrit que Le Duc avait continué ce beau monument *sur* les dessins de Pierre Le Muet. » Il résulte des renseignements qu'on peut avoir sur cette intéressante question que toutes les parties supérieures de l'église sont de Gabriel Le Duc. Ce que l'on sait avec certitude, c'est l'année de la prise de possession des travaux par chacun des architectes, et les dates correspondantes aux constructions successives ; et c'est au moyen de ces

divers documents que l'on peut émettre une opinion raisonnée sur ce sujet.

Le Duc fit aussi, sans collaboration, les dessins du baldaquin du maître-autel, très-belle œuvre qui rappelle, quoique
sur une plus petite échelle, celui de Saint-Pierre de Rome.

Nous avons dit plus haut ce que nous pensons du grand
talent de Le Duc. Quatremère de Quincy ne lui rend pas
toute la justice qu'il mérite. C'est à peine s'il prononce son
nom ; de même il cite rapidement François Mansart, tandis
qu'il consacre un long chapitre de son livre à Le Mercier.
Il ne nous semble pas que cet auteur ait bien jugé la valeur
relative de chacun de ces artistes.

Gabriel Le Duc fut chargé des travaux de l'église des
Petits-Pères (Notre-Dame-des-Victoires). Il se serait servi
des dessins de Pierre Le Muet qu'il modifia sensiblement.

Piganiol de la Force[1] nous apprend que le *Dôme*[2] fut
commencé jusqu'à six ou sept pieds d'élévation par Libéral
Bruant. « Gabriel Le Duc, dit-il, lui succéda, perfectionna
le premier dessin en y ajoutant les tribunes qui sont dans les
quatre piliers[3], et en plaçant le maître-autel d'une manière
commode. Cet édifice n'est élevé que jusqu'à l'entablement,
qui est ionique, qui sera surmonté d'une espèce d'attique
composé, qui portera des arcs-doubleaux et des arrière-
corps, d'où doivent partir des lunettes avec des archivoltes
qui renfermeront des vitraux au-dessus des cintres des
arcades des chapelles. Il manque le dôme, la voûte en pierre,
les six chapelles et le grand portail. »

1. *Description historique de la ville de Paris*, 1765, tome VI.
2. Il veut parler de la petite coupole aplatie, placée à la croisée.
3. Il y a une erreur : les tribunes sont dans les transepts.

Ceci a été écrit en 1742, longtemps après la mort de
Le Duc, qui eut lieu à Paris, en 1704. On le voit, cet architecte n'a donc pas terminé l'église des Petits-Pères, et nous
sommes ici encore devant une œuvre commune à plusieurs
artistes sans pouvoir déterminer absolument la part réelle
qui revient à chacun d'eux. Toutefois il s'y trouve peu du
travail de Le Duc.

Il en est de même à l'église Saint-Louis-en-l'Ile qui,
commencée par Louis Le Vau, a été continuée par lui. La
porte principale était tout entière son œuvre, mais elle a été
détruite. La calotte sphérique de la croisée a été exécutée
par Jacques Doucet, de 1724 à 1725. La nef avait été
achevée en 1723, par conséquent après la mort de Le Duc,
et J.-B. de Champagne a donné les dessins de la sculpture.

Il fit encore, en 1679, l'église Saint-Josse, rue Aubry-le-
Boucher, le corps principal et la décoration de la bibliothèque des Augustins-Déchaussés, une maison rue Saint-
Dominique, gravée par Marot, et, en 1675, le maître-autel
de l'église Saint-Barthélemy, près le Palais de Justice. De
toutes ces productions il ne reste rien.

Il nous est donc impossible de trouver ailleurs qu'au
Val-de-Grâce des preuves irrécusables du talent de Le Duc.
Ce qu'y a fait cet artiste suffit grandement d'ailleurs pour
l'immortaliser.

Germain Brice n'est pas de cet avis lorsqu'il écrit, en
1725, que Le Duc ne manquait pas de génie, mais qu'il s'en
fallait de beaucoup qu'il eût la capacité de l'excellent architecte Pierre Le Muet, auquel il succédait au Val-de-Grâce.
« L'on ne s'en aperçut que trop, dit-il, dans les parties de
cet édifice dont il eut la conduite. » Cette appréciation du
mérite de l'artiste est, selon nous, très-erronée. Elle a pu

être la reproduction de certaine opinion répandue du temps de l'historien Brice, mais nous ne voyons pas sur quel motif elle pourrait s'appuyer. Quatremère de Quincy n'a-t-il pas été influencé lui-même par cette opinion qu'il semble avoir reproduite?

Nous avons heureusement sous les yeux le monument, et l'on peut aujourd'hui se prononcer en toute liberté sur ce point, en examinant les proportions des diverses parties de l'architecture, le dessin des moulures et l'ornementation, et enfin le baldaquin du maître-autel, œuvre que personne ne conteste à Le Duc, et qui a été conçue et dirigée par lui-même.

Il est aisé de voir à l'examen d'un monument si l'auteur a possédé le véritable, l'unique moyen de faire bien comprendre la délicatesse de sa pensée, c'est-à-dire le dessin, au moyen duquel la main sait toujours obéir à l'inspiration; celui-là est, selon nous, le véritable architecte. Les détails intérieurs de l'église du Val-de-Grâce sont une preuve que Le Duc avait cette qualité.

On n'a retrouvé qu'un seul acte de l'état civil où son nom fut inscrit, c'est celui du baptême de son filleul Philippe Peigner, fils d'un tailleur de pierres [1].

Antoine du Val Broutel ou Broutil. — Nous ne pouvons citer le nom d'Antoine Du Val Broutil que comme un collaborateur assez secondaire de Gabriel Le Duc dans l'œuvre du Val-de-Grâce. Ce nom, même à ce point de vue, est peu prononcé. Nous ne le voyons que dans la *Biographie universelle* de Michau frères et dans un compte de

1. *Pièces justificatives* E.

travaux conservé aux Archives nationales, où il est dit :
« à Gabriel Le Duc et Antoine Du Val Broutel, entrepreneurs du bâtiment du Val-de-Grâce, la somme de
10,000 francs, etc. » Quelquefois il prend le nom d'ingénieur ou de commis. Ailleurs il paye les ouvriers. On lit dans
les comptes d'Anne d'Autriche (nº 1924) que, en 1647, Le
Val Brotil est employé pour payer des ouvriers, tailleurs de
pierres de Vergelay, maçons, limosins, poseurs, appareilleurs. A ces dépenses sont mêlés des travaux de me-
nues réparations au logement du sieur Mansart. Du Val
Broutil aurait donc servi d'aide aux quatre architectes qui
se sont succédé pendant la durée des travaux. Nous ne
savons rien autre chose, ni de sa vie, ni de ses propres
œuvres. Nous ne pensons pas, lors même que de nouveaux
renseignements se produiraient, qu'il ait eu une grande
influence dans l'œuvre artistique dont il s'agit.

On retrouve encore, dans le compte dont il vient d'être
question, les noms de Nicolas Cazin et de François Les-
touré, maçons, qui ont exécuté au Val-de-Grâce des travaux de peu d'importance.

FRANÇOIS ANGUIER. — MICHEL ANGUIER. — L'aîné de
ces deux frères, François, naquit en 1604. Il étudia la sculpture dans l'atelier de Carron d'Abbeville, puis chez Simon
Guillain. Il passa deux ans en Italie et revint à Paris.
Sa plus belle œuvre est le mausolée du duc de Montmo-
rency, à Moulins. Cependant il coopéra grandement à la
splendeur du monument élevé par Anne d'Autriche, et
se partagea avec son frère les travaux de sculpture du
Val-de-Grâce. Un très-beau bas-relief en bronze doré,
placé sur la face principale du maître-autel, et qui a dis-

paru avec l'autel lui-même en 1793, était dû à son ciseau.
Il fit aussi le groupe de la Nativité destiné au maître-autel,
et qui passe pour être son chef-d'œuvre. Ce groupe, transporté au Musée des Petits-Augustins lors de la grande
Révolution, fut donné par Napoléon Ier à l'église Saint-Roch,
à Paris, construite en 1709, où on le voit encore aujour-
d'hui, sur l'autel de la Sainte-Vierge. François Anguier
y fit également deux figures représentant saint Roch
et Jésus-Christ, qui sont placées de chaque côté du même
autel.

Michel Anguier, né en 1612, fut aussi élève de Guillain.
Il passa dix ans à Rome, où il travailla sous l'Algarde. A
son retour en France, il fut chargé de la décoration d'une
partie du vieux Louvre et des ouvrages de sculpture du Val-
de-Grâce, dont il fit les plus importants. Il faut remarquer
particulièrement, dans ce dernier édifice, les sculptures
des pendentifs de la coupole et les Vertus représentées
dans les tympans des arcades de la nef, ainsi que les
ornements du baldaquin. Admis à l'Académie en 1668,
Michel Anguier exécuta, en 1674, la sculpture de la
porte Saint-Denis commencée par Girardon; Blondel en
était l'architecte. On lui accorde souvent un mérite supérieur à celui de son frère. Cette opinion est-elle bien
justifiée?

Piganiol de la Force dit que François et Michel Anguier,
qui par leur piété ont imité les plus grands saints, sont nés
à la ville d'Eu. François mourut à Paris le 8 août 1669, et
Michel, aussi à Paris, le 11 juillet 1686[1], et ils furent inhu-

1. *Pièces justificatives* F. G.

més à Saint-Roch dans la même tombe. Voici l'inscription qui fut gravée sur leur monument :

> *Dans sa concavité ce modeste tombeau*
> *Tient les os renfermés de l'un et l'autre frère.*
> *Il leur était aisé d'en avoir un plus beau,*
> *Si de leurs propres mains ils l'eussent voulu faire.*
> *Mais il importe peu de loger noblement*
> *Ce qu'après le trépas un corps laisse de reste,*
> *Pourvu que de ce corps quittant le logement*
> *L'âme trouve le sien dans le séjour céleste.*

PHILIPPE DE BUISTER. — Philippe de Buister, ou Buistier, sculpteur, naquit à Bruxelles en 1595, et mourut en 1688.

On connaît de lui deux *Satyres* et une *Flore* placés à Versailles, et le tombeau du cardinal de La Rochefoucault.

Il fit au Val-de-Grâce divers travaux importants et entre autres l'ornementation de la façade principale, à l'exception des figures du fronton, et la sculpture de la chapelle du Saint-Sacrement, derrière l'abside. Les figures des pendentifs sont vulgaires et mal dessinées, mais les fonds de ces bas-reliefs sont ornés d'accessoires très-intéressants. On lui attribue les deux jolis groupes d'anges, grossièrement restaurés, qui couronnent les angles de cette chapelle ; ce qui est difficile à croire : ils rappellent bien plus le talent des frères Anguier. Enfin les guirlandes attachées au-dessus des fenêtres de la nef, à l'extérieur, sont aussi de Buistier. Il laissa une fille, Suzanne, qui mourut en 1667[1].

---

1. *Pièces justificatives* H.

THOMAS REGNAULDIN. — Ce sculpteur naquit à Moulins, en 1627. Il fut élève de F. Anguier.

Louis XIV l'envoya à Rome avec mille écus de pension, et il devint, en 1657, membre de l'Académie. Son morceau de réception fut un Saint-Jean-Baptiste. Il travailla beaucoup à Versailles, où l'on remarque de lui *l'Automne* et *Faustine,* et les *Trois Nymphes,* dans les bains d'Apollon. C'est un chef-d'œuvre qu'il exécuta, dit-on, sur les dessins de Lebrun.

On cite encore de lui *l'Enlèvement de Cybèle par Saturne,* dans le jardin des Tuileries, du côté de la terrasse des Feuillants ; à l'hôtel de Hollande, rue Vieille-du-Temple, des *Renommées* dans un fronton circulaire ; et, à l'hôpital de Sainte-Catherine, une figure en marbre de la sainte revêtue de ses habits de princesse.

Au Val-de-Grâce il fut chargé des figures d'anges sculptées dans le fronton de la façade principale, et qui servaient jadis de supports aux armes de France et d'Espagne. Cet écusson fut remplacé, en 1792, par les symboles de la Liberté et de l'Égalité qui restèrent jusqu'en 1817, époque où ils firent place à un cadran d'horloge.

Regnauldin mourut en 1706, le 5 juillet, âgé de quatre-vingt-dix ans [1].

JACQUES SARRAZIN. — Si nous citons ici le nom de cet artiste renommé, ce n'est pas qu'il ait laissé de nombreuses traces de son talent au Val-de-Grâce. On ne parle en effet que d'un bas-relief en bois : *la Présentation du Christ au temple* qu'il fit pour ce monument. Nous ne savons quelle fut

[1]. *Pièces justificatives* I.

la destination spéciale de cet ouvrage. Il a pu orner la chapelle Saint-Louis. Alexandre Lenoir, dans sa *Description
des monuments de Paris*, l'a catalogué sous le n° 247. Ce bas-
relief a disparu.

Sarrazin, on le sait, doit sa réputation aux grandes et
belles cariatides accouplées qui ornent l'étage supérieur du
pavillon dit de l'Horloge, au Louvre, qu'il fit sous la direction
de J. Le Mercier.

Il naquit à Noyon, en 1590, et partit jeune pour l'Italie.
Il eut pour protecteur le cardinal Aldobrandini et reçut les
conseils du Dominiquin. Il resta dix-huit ans à Rome. De
retour à Paris il devint le gendre du peintre Simon Voüet
et entra, en 1655, à l'Académie dont il devint le premier
recteur.

Indépendamment des belles cariatides qui firent la réputation de Sarrazin, on cite encore de lui les statues d'*Atlas*
et de *Polyphème,* en Italie; celles de *Saint Jean* et de *Saint
Bruno,* à Lyon; les quatre anges du maître-autel de Saint-
Nicolas-des-Champs, les mausolées du cardinal de Bérulle,
dans l'église de l'Oratoire, à Paris, et celui de Henri de
Bourbon; ce dernier, placé dans l'église des jésuites de la
rue Saint-Antoine, représentait la Religion, la Justice, la
Piété et la Force, avec quatre bas-reliefs de bronze dont
les sujets étaient les triomphes de la Renommée, du Temps,
de la Mort et de l'Éternité.

Jacques Sarrazin mourut en 1660.

PIERRE MIGNARD, dit LE ROMAIN. — La peinture à
fresque de la coupole du Val-de-Grâce est due à Pierre
Mignard qu'il faut distinguer de son frère Nicolas Mignard, dit *Mignard d'Avignon.* Ce dernier, peintre et

graveur, est né à Troyes, en 1608, et mourut en 1668, à Paris[1].

Pierre Mignard, lui aussi, naquit à Troyes, mais en novembre 1610.

Lépicié, secrétaire de l'Académie de peinture, dit[2] que la famille de Mignard est originaire d'Angleterre, qu'elle s'est établie en France depuis deux générations, et qu'elle s'appelait *More*. A ce sujet, il raconte que Henri IV, étant à Troyes et voyant parmi les troupes de son parti sept frères remarquables par leur beauté, et parmi lesquels se trouvait le père de Mignard, il demanda leur nom. A la réponse qu'on lui fit, il répartit : « Ce ne sont point là des Mores, « ce sont des Mignard ». D'où ce nom leur serait resté. Mais la véracité de ce récit est contestée par Grosley, qui écrivit plus tard à Lépicié : « Que le père de Mignard n'a point été « aussi fidèle à nos rois que le dit l'auteur de sa vie, puis- « qu'il était un des émissaires des ligueurs de Troyes; qu'il « n'a point servi les rois avec distinction, puisqu'il était « simple capitaine de la milice bourgeoise et que les capi- « taines sont choisis parmi la bourgeoisie la moins distin- « guée; qu'enfin le conte sur lequel on fonde l'origine du « nom de Mignard est controuvé, puisque, dès le commen- « cement de la Ligue, il s'appelait Mignard, et que d'ailleurs « Henri IV n'est venu à Troyes que longtemps après la date « en question. »

M. Charles Blanc, après l'abbé de Monville, a écrit, dans son *Histoire des peintres de toutes les écoles,* la vie de Pierre Mignard. Nous y puiserons quelques renseignements.

1. *Pièces justificatives* J.
2. *Vie des premiers peintres du Roi,* 1752.

Mignard, voyant peindre son frère aîné, abandonna l'idée
qu'il avait d'étudier la médecine, et prit lui-même des pin-
ceaux. Il partit âgé de douze ans pour Bourges, où il entra
dans l'atelier d'un artiste en renom dans ce pays et qui se
nommait Boucher. Un an après, il revint à Troyes chez un
sculpteur, François Gentil, qui lui fut, dit-on, extrêmement
utile.

Nicolas Mignard, ainsi que beaucoup d'autres peintres, allait à cette époque étudier à Fontainebleau, qui
était devenu, par l'immense quantité de chefs-d'œuvre que
François Ier y avait réunis en revenant d'Italie, un autre
sanctuaire des arts ; c'est là aussi que son jeune frère put
se livrer à de sérieuses études après lesquelles il devint enfin
assez habile pour être chargé de travaux importants à la
chapelle du château de Coubert en Brie, appartenant au
maréchal de Vitry. Il vint ensuite à Paris et entra dans
l'atelier de Simon Vouet ; puis il partit pour Rome à la fin
de l'année 1635. Il est bon de signaler ici les tendances de
Mignard pendant son séjour en Italie : « Il admira l'antique
sans s'élever jusqu'à l'assimilation de ses beautés sublimes ;
Michel-Ange l'étonna, il aima Raphaël, mais, n'osant pas
s'attaquer à de tels maîtres, il prit pour objet de son culte
un Raphaël plus abordable, Annibal Carrache... Il fut chargé
précisément par le cardinal de Lyon, Louis Duplessis, de
reproduire les peintures de ce maître qu'on admire à la
galerie Farnèse. Il se pénétra de son esprit, et, pendant huit
mois qu'il demeura dans le palais Farnèse, il épousa si
bien la manière d'Annibal Carrache, qu'il la fit sienne
désormais, et que, dans le cours de sa carrière, il ne cessa
de l'employer toutes les fois qu'il eut à peindre l'allégorie
ou l'histoire. »

« Il étudia encore les procédés de la fresque[1], tellement il fut frappé de certains effets qu'elle seule peut rendre... Il s'adonna aussi avec le plus grand succès au *portrait;* il avait l'art de saisir la *ressemblance,* non pas peut-être dans le sens le plus élevé du mot, mais de la façon qui plaît aux hommes et ravit les femmes... »

En 1656, à son retour à Rome d'un voyage qu'il fit à Venise, Mignard épousa la fille d'un architecte romain, Anna Avolara, dont le visage doux et fin lui servit souvent de modèle lorsqu'il eut à représenter quelques-unes de ses nombreuses Vierges.

Il revint en France en 1657, s'arrêta à Avignon où habitait son frère, et y resta malade pendant une année; il y fit connaissance avec Molière qui y était à ce moment au début de sa gloire, et revenait de Lyon où il avait fait jouer sa troupe de comédiens.

Sa réputation l'avait précédé à Paris où il fut mandé pour faire le portrait de Louis XIV âgé de vingt ans ; on voulait envoyer ce portrait en Espagne où se négociait le mariage du jeune roi avec l'infante Marie-Thérèse. Mignard fit ce portrait en trois heures. « Ici commence dans l'exis-

---

1. C'est la peinture monumentale par excellence. On sait qu'elle est composée de couleurs détrempées dans de l'eau pure et appliquées sur un enduit frais (*fresco*) avec lequel elles s'incorporent, aussi n'applique-t-on sur le mur, chaque jour, successivement, que la portion d'enduit que le peintre doit couvrir dans sa journée. Celle-ci préparée, l'artiste décalque, au moyen d'une pointe, ou autrement, les cartons sur lesquels il a esquissé sa composition; puis il applique ses couleurs avec des brosses plates. S'il commet une erreur, elle est irréparable et il faut détruire complètement les parties défectueuses pour recommencer à nouveau. C'est ainsi qu'est peinte la coupole du Val-de-Grâce. On appelle encore fresque, par extension, mais improprement, certaines peintures murales exécutées par les procédés ordinaires.

tence de Mignard une phase nouvelle. Il touchait enfin au
but de sa longue ambition : vivre à la cour. Il possédait, du
reste, et se sentait toutes les qualités nécessaires pour briller
dans le grand monde. De la beauté qu'il avait eue dans sa
jeunesse, il lui restait une physionomie noble, digne et sérieuse. Sa taille était élevée et ses manières ne manquaient
pas de distinction ; ajoutez qu'il avait la parole fine, aimable
et circonspecte, les réparties heureuses, l'esprit orné, et
que son caractère, mélange de dignité et de souplesse, le
rendait propre à réussir auprès des grands, tout en gardant sa
considération auprès des artistes. Il savait être courtisan,
sans le paraître. Aussi fut-il accueilli avec faveur par le
cardinal Mazarin et la Reine-mère. Il plut au ministre par
son esprit, à la Reine par la délicatesse qu'il mit à peindre
ses belles mains, et il fut assuré dès lors de leur protection[1]. »

L'œuvre la plus considérable de Mignard est certainement la fresque de la coupole du Val-de-Grâce dont il a été
question plus haut. Elle fut terminée en 1663, et coûta,
d'après Germain Brice, treize mois de travail à son auteur.
Molière en a fait une description qu'il dédia à la Reine en
1669, et qu'il intitula *la Gloire du Val-de-Grâce*. Toutes les
personnes lettrées connaissent cette pièce, mais combien
peu ont vu la fresque qui l'a inspirée !

Nous ne devons pas passer sous silence, en parlant du
Val-de-Grâce, le nom de l'ami intime de Mignard, Alphonse
Du Fresnoy, qui pourrait bien être l'auteur des peintures
de l'une des petites chapelles du Dôme, à droite, près du
maître-autel, et connue sous le nom d'Oratoire d'Anne d'Au-

---

1. *Histoire des peintres*, par Charles Blanc.

triche. Ces peintures, à l'huile, représentent des paysages à la manière du Poussin et n'ont pas une très-grande valeur au point de vue de l'art.

« Du Fresnoy est né à Paris, en 1611; il était fils d'apothicaire et se destinait à la médecine. Il partagea la chambre de Mignard à Rome et à Paris. Grand raisonneur et poëte, il exécutait peu. Il consacrait pour vivre une partie de son temps à l'étude, et l'autre à peindre des ruines et de l'architecture. Il fit peu de tableaux et chercha à imiter le dessin de Carrache et la couleur du Titien. Il écrivit le poëme latin *De arte graphicâ*. Il avait la justesse du raisonnement, mais non la faculté d'exécution. Mignard n'avait pas le temps de réfléchir, il opérait; Du Fresnoy réfléchissait trop, lui, pour avoir l'habitude d'opérer; il écrivait toutes ses impressions sur les auteurs qu'il lisait ou copiait, ou sur ses propres tableaux. Il donna la théorie à Mignard, Mignard ne put parvenir à lui donner la pratique. Il mourut d'apoplexie en 1665, à l'âge de cinquante-quatre ans[1]. »

Mignard avait peint la galerie du château de Saint-Cloud, construite en 1677, le cabinet de Diane, en retour, et le grand salon qui était ce qu'il y avait de plus remarquable. L'invasion de 1870 nous a privés de ces chefs-d'œuvre, par suite de l'incendie de ce magnifique palais, opéré volontairement par les Prussiens.

Il fit également dans les appartements de Versailles plusieurs peintures qui n'existent plus et qui ont été gravées par Gérard Audran, Simon Thomassin et Louis Surrugue.

Le Louvre renferme beaucoup de ses tableaux. On estime

---

1. Voir le *Dictionnaire des arts de peinture, sculpture et gravure*, par MM. Watelet et Lévesque, tome IV, 1792.

que son œuvre se compose de 147 pièces. D'autre part, on lui attribue 130 portraits. Le nombre 147 serait donc bien au-dessous de la vérité.

C'est pendant le séjour de Mignard à Rome que l'Académie royale de peinture avait été fondée. De retour à Paris, il refusa d'y entrer, il aurait voulu y tenir la première place ; dès lors, il épousa la querelle des maîtres peintres qui crurent que l'Académie les avait abaissés et il se mit à la tête de cette opposition qui s'appela l'Académie de Saint-Luc. Le roi aurait voulu faire cesser la discorde : il envoya Charles Perrault avec prières et menaces auprès de l'ambitieux Mignard, afin de le ramener à de meilleurs sentiments, mais le peintre ne fit aucune concession.

Mignard et Du Fresnoy, sollicités d'entrer à l'Académie, répondirent à Lebrun dans les termes suivants :

« Monsieur, nous nous sommes informez de votre Aca-
« démie entièrement. On nous a assurez que nous ne pour-
« rions pas en être sans y tenir et exercer quelques charges,
« ce que nous ne pouvons pas faire, n'ayant ni le temps ni
« la commodité de nous en acquitter pour être elloignez et
« occupez comme nous le serons au Val-de-Grâce. Nous
« étions venus vous remercier de l'honneur que vous avez
« fait à vos tres-humbles serviteurs, Mignard et Du Frainoy,
« le 12 février 1663. »

Mignard n'en fit partie qu'après la mort de Lebrun, arrivée en 1690 ; c'est alors qu'il fut nommé premier peintre du roi. Il avait atteint le but de son ambition et il allait être enfin le chef de cette Académie qu'il avait toujours combattue. Il fallait un ordre exprès du roi pour qu'il y fût reçu. Noël Coypel répondit que l'Académie *obéissait avec respect aux volontés du Roi*, et qu'elle admettait M. Mignard aux charges de directeur, chancelier et recteur de l'Académie.

A l'âge de quatre-vingt-cinq ans, il se promettait encore de peindre la coupole des Invalides, et parlait sérieusement de procéder lui-même à l'exécution, mais la mort vint l'enlever le 30 mai 1695. Il fut inhumé avec magnificence à Saint-Roch[1].

L'appréciation des œuvres de ce peintre, par M. Ch. Blanc, nous a paru si juste, que nous la reproduisons avant de terminer.

« Pierre Mignard est au Poussin ce qu'est Annibal Carrache à Raphaël. Il se place dans l'école française entre Lebrun et Simon Voüet. L'universalité, la noblesse, furent les caractères de son talent. L'histoire, l'allégorie, les portraits, les tableaux d'expression aussi bien que les peintures décoratives, il sut tout faire avec un grand goût, une rare convenance, une connaissance approfondie de ce qu'on appelle *le costume.* En toutes choses, il montre un sentiment élevé de la nature et de l'art; il employa un style noble, quelquefois héroïque. Ses compositions, remplies de dignité, n'ont rien qui choque la pensée, mais rien aussi qui l'étonne. Il possède à merveille l'art de draper ses figures, de jeter élégamment les plis, sans les multiplier outre mesure, de manière que la draperie ne se colle point à la forme... Il eut enfin de la suavité dans la touche, un coloris agréable et riche. Ce qui lui manqua, ce fut l'originalité; il n'eut ni la grandeur ni les défauts mêmes du génie. Aussi dirai-je volontiers que Pierre Mignard fut un peintre éminent; mais je n'irai point jusqu'à dire avec La Bruyère : *Vignon est un peintre, l'auteur de* Pyrame *est un poëte; mais Corneille est Corneille, Mignard est Mignard.* »

---

1. *Pièces justificatives* J.

Nous avons déjà donné une idée du caractère de Mignard
lorsque nous avons parlé de sa fresque du Val-de-Grâce, et
en citant, il y a un instant, l'opinion de M. Charles Blanc.
Les auteurs anciens sont plus sévères à son égard. « Il
aimait son art, dit Lépicié, mais on peut dire avec la même
vérité qu'il ne l'aimait que dans l'espérance d'arriver aux
premières places. En cherchant à faire un grand nombre
de portraits, il trouvait, par ce moyen, la facilité de se faire
des amis, de gagner de l'argent. Ses amis vantaient sa dili-
gence à produire de si grandes choses au Val-de-Grâce,
en faisant valoir surtout la délicatesse et le scrupule qui
l'avaient empêché de se faire aider par aucun aide peintre
ni élève. Il répétait souvent cette maxime avec complaisance que *le faire* n'était rien sans *le savoir faire,* et il la
pratiquait. » Si quelques-unes de ces assertions sont
exagérées, nous pouvons croire en définitive, puisque les
choses se sont passées et se passent souvent encore à peu
près de même aujourd'hui, qu'il y a beaucoup de vérité dans
le fond de ce jugement.

La fille de Mignard, Catherine, qui, à l'âge de dix-huit
ans, avait été marraine de l'un des enfants de Molière, épou-
sait plus tard haut et puissant seigneur de Pas, comte de
Feuquières; elle mourut à Paris, en 1742, âgée de quatre-
vingt-huit ans [1].

PHILIPPE DE CHAMPAGNE. — La chapelle du Saint-Sacrement, située dans l'axe de l'église du Val-de-Grâce, est
ornée d'une peinture à l'huile, placée dans la voûte au-
dessus de l'arcade ouverte sur le sanctuaire de l'église.

1. *Pièces justificatives* J.

Cette peinture, dont le sujet est : *le Christ présentant la Sainte Hostie à l'adoration des anges qui l'entourent,* est de Philippe de Champagne qui aurait été aidé dans ce travail par Jean-Baptiste de Champagne, son neveu, Nous avons parlé de cette peinture ; ajoutons ici quelques renseignements sur l'auteur lui-même.

En 1614, Philippe de Champagne, alors âgé de douze ans, fut placé comme élève chez un peintre de Bruxelles, nommé Bouillon, puis chez un autre, nommé Michel Bourdeaux, qui lui firent dessiner des figures et des paysages d'après nature. C'est dans l'atelier de ces maîtres qu'il connut le peintre Fouquières qui le prit en affection, lui donna des conseils et le fit bientôt travailler chez lui sous ses yeux et pour son compte. Son père voulut le faire entrer dans l'atelier de Rubens, à Anvers, mais il préférait faire un voyage en Italie. Il partit donc de Bruxelles à dix-neuf ans, en 1621, et vint à Paris avec l'intention de s'y arrêter quelque temps. Il avait fait connaissance de Jansénius, Flamand d'origine, qui fut son initiateur et lui inculqua sa doctrine. Il fit aussi à Paris la rencontre de Rubens, avec lequel il se lia d'amitié : il peignit, ainsi que lui, dans les appartements du palais du Luxembourg, quelques sujets pour la Reine, et fut, dès lors, chargé d'une très-grande quantité de travaux qui le fixèrent définitivement à Paris.

Il fut également l'un des amis du Poussin et de Lebrun. L'un de ses plus célèbres tableaux fut la *Cène* qu'il peignit pour le maître-autel de l'église de Port-Royal de Paris et dont il fit présent à ce monastère. Ce maître-autel était placé dans une niche sur plan demi-circulaire ; nous ne voyons pas comment la peinture dont il s'agit, qui a disparu, a pu s'ajuster avec une semblable disposition. Il peignit six tableaux

aux Carmélites de la rue Saint-Jacques, église aujourd'hui démolie, diverses peintures dans les châteaux de Bois-le-Vicomte et de Richelieu, au couvent des Filles-du-Calvaire joignant le Petit-Luxembourg, également démoli en partie ; le *Vœu de Louis XIII*, placé jadis à Notre-Dame de Paris, devant l'autel de la Vierge, ainsi que les autres tableaux destinés au chœur de Notre-Dame et qui devaient être exécutés en tapisserie, puis ceux de l'église Saint-Gervais. On lui doit les quatre figures, *les Pères de l'Église,* qui ornent les pendentifs de la coupole de la Sorbonne. Il fit encore un très-grand nombre de portraits, parmi lesquels ceux du cardinal de Richelieu et des religieux de Port-Royal. Il faut citer surtout *la Mère Agnès et la Sœur Catherine de Champagne,* l'un de ses chefs-d'œuvre, tableau conservé dans les galeries du Louvre. Félibien dit qu'il fit aussi plusieurs portraits du Roi et de la Reine régente, qui lui ordonna de peindre dans son appartement du Val-de-Grâce plusieurs sujets de la vie de saint Benoît, auxquels Sa Majesté prenait plaisir à le voir travailler toutes les fois qu'elle allait à ce monastère.

Champagne fut naturellement désigné en février 1648, époque de la fondation de l'Académie de peinture, pour en faire partie : plus tard il en fut nommé recteur, et montra dans cette charge un désintéressement admirable, « faisant part de ses émoluments à ceux qui en avaient besoin, et ne les voulant recevoir que pour en faire du bien aux autres ».

Un homme qui fut janséniste comme Champagne, et comme lui intimement lié avec *Messieurs* de Port-Royal, Félibien, a écrit avec quelque soin la vie de ce peintre dans ses *Entretiens,* et il est d'autant plus important de suivre ici cet auteur qu'on peut voir, au portrait qu'il en a tracé, que certainement il l'a connu. « C'était, dit-il, un homme d'un naturel doux, d'un maintien sérieux et grave et d'une conscience droite. Il était assez bel homme, la taille haute et le corps un peu gros. Il était sobre et réglé dans sa manière de vivre... » Ce portrait, fort ressemblant à celui que Champagne a peint lui-même, est aussi tout à fait conforme au caractère moral de ses œuvres et nous donne sur-le-champ la plus juste idée du personnage.

Il signait Philippe de *Champaigne;* son nom est enregistré dans le Nécrologe, dressé par la mère Angélique, de tous les solitaires de Port-Royal et de tous ceux qui avaient honoré ce monastère de leur amitié.

« A le considérer sous ce rapport qui est essentiel, il est véritablement un peintre français; et, bien qu'il soit né à Bruxelles, en 1602, qu'il soit Flamand par sa naissance, on peut dire que les circonstances historiques au milieu desquelles il vécut l'ont tellement francisé, qu'il représente un des aspects les plus saisissants de notre histoire. Champagne est Français, comme Van Ostade, qui naquit à Lubeck, est cependant de l'école de Hollande; comme Albert Dürer serait toujours Allemand, à supposer même qu'il fût né à Strasbourg ou à Nancy[1]. »

Il mourut le 12 août 1674 et fut inhumé dans l'église Saint-Gervais qui était sa paroisse[2].

« La gloire de Philippe de Champagne, dit encore M. Charles Blanc, est d'avoir été le peintre ordinaire de Port-Royal et de se rattacher ainsi à un des plus célèbres

1. Ch. Blanc.
2. *Pièces justificatives* K.

mouvements qui se soient opérés en France dans l'ordre des idées religieuses. »

Jean-Baptiste de Champagne. — Philippe de Champagne eut un neveu, Jean-Baptiste de Champagne, qu'il fit venir de Bruxelles en 1643, après la mort de son fils dont il eut un profond chagrin. On ne sait rien des œuvres originales de ce peintre sinon qu'il aida son oncle dans divers travaux. On lui attribue une part dans la peinture de la voûte placée au-dessus de l'autel de la chapelle du Saint-Sacrement du Val-de-Grâce, dont nous avons parlé. Les actes de naturalité de ces deux artistes natifs de Bruxelles sont publiées dans les *Nouvelles Archives de l'art français*.

Jean-Baptiste dessinait aussi l'ornement, car nous voyons dans *Piganiol de la Force* qu'il donna les dessins de la sculpture de l'église Saint-Louis-en-l'Ile à Paris.

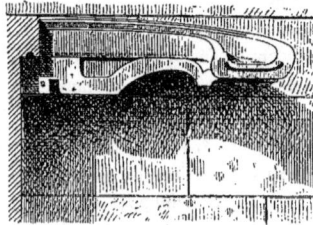

PIÈCES JUSTIFICATIVES

A

Estat des Reparations à faire aux comble et vitraux de l'église et du couvent du Val-de-Grace causé par les grands vents du 17 janvier 1719.

Le grand fronton du portail de l'église est presque tout découvert; il est nécessaire de le recouvrir entièrement, contenant environ dix-huit toises, dont d'ardoise neuve. . . . . 12^n.
et de vieille ardoise, manié à bout. . . . . 6^m.
Au combles dessus des bas costez de nef de l'église', environ la valeur de quatre toise dardoise neuve . . . . 4^n.
. Au comble au dessus de la chapelle de Ste Anne, un des costez de la couverture au dessus du brisé est entièrement découvert, contenant quatre toize sur deux toize et au restant du d.^{t} comble la) valeur de quatre toize a refaire à neuf, cy. . . . . 12^n.
Au comble au dessus du cœur des religieuses tout un costé du haut du brisé, entièrement découvert, contenant neuf toizes de long sur trois toizes de haut, et au restant d.^{t} comble la valeur de neuf toizes a refaire; dont d'ardoize neuve, cy. . . . . 26^n.
Le reste, manié à bout, cy . . . . 10^m.
Au comble au dessus de l'avant cœur, la valeur de quatre toizes dardoizes neuve a refaire, cy. 4^n.
Et trois toizes de manié a bout, cy . . . . 3^m.
Au dessus des sacristies, la valeur de dix toizes dardoize neve . . 10^n.
Et quatre toises de manié à bout, cy. . . . . 4^m.
Au dessus de lappartement de la Reine, la valeur de douze toizes dardoize neuve, cy . . . . 12^n.
Et quatre, manié à bout . . . . 4^m.
Sur le grand comble du corps de logis, de face entre le preau et le jardin, tout le dessus du brisé a recouvrir entierrement, contenant vingt quatre toises de long sur six toises de pourtour, dont il restera partie des portions refaites a neuf, en 1716, revenant en virons à six toises, au reste environ cent toises a refaire a neuf. . . . . ' . . . . 100^n.
. Et trente huit toises de manié a bout. . . . . 38^m.
Au corps de logis de face sur la place de l'église, au costé gauche du portail,

16

la valeur de douze toise a refaire dardoize neuve, cy . . . . 12^n

Et six toises de manié a bout. . . . . 6^m.

Au corps de logis en retours vis à vis la valeur de six toises dardoize neuve, cy . . . . 6^n.

Et trois toises de manié a bout, cy . . . . 3^m.

Au autres Bastimens du couvent en différents endroits, la valeur de trente toises dardoizes neuves, cy . . . . 30^n.

Et vint toise de manié a bout, cy. . . . . 20^m.

Le total de la couverture revient sçavoir la quantité denvirons deux cent vint huit toises de couverture dardoise neuve, a dix livres la toise, montent, à . . . . 2280^{tt}

Et a quatre vingt huit toises d'ardoise, manié a bout a quatre livres dix sols, la toise vallent . . . . 408^{tt}

Le plomb du faite au dessus du cœur des Religieuses a esté enlevé par le vent, dont partie est resté sur le comble de l'autre costé, et partie tombé dans la cour, il est nécessaire de le rétablir pesant environ un millier quatre cent, cy.. . . . . $1400^{tt\,1}$

Le plomb du faite du grand comble du corps de logis de face entre le préau et le jardin, a esté partie enlevé et partie corrompu, ils est nécessaire de le rétablir entierrement en viron cinq milliers . . . . $5000^{tt\,1}$

Plusieurs plombs des vases et armatures des poinçons des arrestiers, bouts de faitages, goutières et autres, ont esté enlevez et transportez par les (*sic*) hors des combles ou corrompus, il est nécessaire de les établir, lesquels pèseront environ trois milliers six cent, cy . . . . : . . . . . 3600^{tt}

Ce qui revient ensemble à dix milliers, dont il pourra y avoir environ quatre millier de plomb neuf pour la perte et déchet, a 250^{tt} le millier font . . . . 1000^{tt}

Et six milliers de vieux plomb, refondu et remployé a un sols la livre, montent a . . . . 300^{tt}

Le vent a corrompus les plombs en plusieurs endroits, tant sur le Dôme qu'ailleur, qu'il sera nécessaire de rebattre et souder où il sera employé environ quatre cent livres de soudure a treize sols la livres compris le charbons et peines d'ouvriers, revient à . . . . 260^{tt}

Le grand vitrail au dessus de la grille du cœur des Religieuses en dedans le dôme est entierrement brisé et il en faut refaire tous les panneaux, si on y refait les armes et les bordures de peintures comme elles estaient il en coutera environ la sòme de . . . . 460^{tt}

Au vitrail disposé au dessus de la grille de la chapelle de Ste Anne, deux panneaux emporté et plusieurs pièces cassées, ce qui coutera. 15ᵗ

Au vitraux du porteur du dôme, la valeur de quinze panneaux emporté par le vents et plusieurs pièces cassés ou autres estimé à 100ᵗ

Au restant des vitraux de l'Église des chapelles et du cœur des Rᵉˢ le domage causé par le vent montera environ a. 60ᵗ

Le total de la dépence à faire pour réparer le domage causé par les vents a l'église et au couvent du Val de Grace montera a la sommes de quatre mil neuf cent livres, cy. 4900ᵗ

B

Françoıs Mansard, architecte. « ... François, fils d'honorable homme Absalon Mansard et de Michelle le Roy, les parrains, honorables hommes Mᵉ Françoys de Bourges, greffier au siége de Connestablerie et Mareschaussée de France à la table de marbre, à Paris, et Barthélémy Bernard, Mᵉ teincturier laines et soies, bourgeois de Paris ; la marine Catherine Motte, fem. de Jacques le Roy, Mᵉ masson juré à Paris. » (*Dictionnaire critique* de Jal.)

« Le 23 (septembre 1666) Nicolas Mansart, conseiller du Roy, architecte et ingénieur des bâtiments de Sa Majesté, est décédé rue Payenne, duquel le corps a este inhumé dans l'église Sᵗ Paul, sa paroisse, le 25 dudict mois et an. » — (Sᵗ-Paul). Au-dessus du mot Nicolas on a ajouté en encre un peu plus noire le nom de François.

C

Le Mercıer (Jacques) architecte. « Du mercredy 19ᵉ febvrier 1648 fut b. François filz de noble homme Jacques le Mercier, architèque ordᵣᵉ du Roy, et de Damoiselle Anne Marigny, sa fᵉ. ; le parain Nicolas le Mercier architèque... » (Sᵗ Germ l'Aux.)

D

Le Muet (Pıerre), architecte. « Le jeudy 7ᵉ j. de novembre 1652, environ onze h. du matin, fut porté, après le service, de l'égl. de Sᵗ.-A.-des-A. en l'égl. de Sᵗ-Séverin, le corps de deffunte Damoiselle Marie Autissier, vivante femme de Monsieur Le Muet, consᵉʳ, ingénieur et architecte ordinaire du Roy, décédée en sa maison, rue Christine. » (Sᵗ. Germ. l'Aux.)

« Le dimanche 28 septᵇʳᵉ. 1669 fut reçu de Sᵗ.-André-des-Arts et inhumé deffunct Monsʳ. Le Muet, consᵉʳ. du Roy et son ingénieur ordinaire, décédé rue Christine. » (Sᵗ. Séverin.)

E

Leduc (Gabrıel), architecte. « Philippe, fils de Philippe Peigner, tailleur de pierre, et de Marie Enon, sa fᵉ, fut baptizé le 17ᵉ janvier 1664. Fut parain Gabriel Leduc, architecte ord^{re} des bâtiments du Roy, et mar. Marthe François. » (St Benoit.)

F

ANGUIER (FRANÇOIS). « Du 9 août 1669, Anguier, sculpteur ordinaire du Roy, âgé d'environ cinquante six ans, décédé hier en sa maison, près la porte St-Honoré, a este ledit jour inhumé dans l'église, devant le crucifix, et présens au convoy Michel Anguier, sculpteur ordinaire du Roy, Jacques Paris, m^e. sculpteur à Paris... M. Anguier, Jacques Paris. » (S^t. Roch.)

G

ANGUIER (MICHEL-ANDRÉ), sculpteur. Du 12 juillet 1686, Michel-André Anguieres, âgé de 74 ans, bourgeois de Paris, sculpteur ordinaire du Roy en son Académie royalle de peinture et sculpture, décédé hier, rue et porte S^t.-Honoré, a esté inhumé en cette église; présent François Anguieres, son fils, Guillaume Anguieres son frère, peintre ordinaire du Roy, demeurant aux Goblins. » (S^t. Roch.)

H

BUYSTER (PHILIPPE DE), sculpteur. « Du vendredy 9e février 1657. Convoi de 6 et 4 de messe de feue honneste fille Susanne Debister, fille d'honorable homme Philippe Debister, vivant sculpteur ordinaire du Roy, et maistre sculpteur et peintre, bourgeois de Paris, prise en sa maison, dans le jardin des Thuilleries. — Offerte 3 liv.; reçu 25 liv. » (St Germ. l'Aux.)

« Le mercredy 2e mars 1667. Convoy de prestre et clerc de François de la Valette, serviteur de Me Debistre et travaillant soubz luy à polir le marbre au Val-de-Grâce, pris chez le sieur de Bistre, aux Tuilleries. »

(St-Germ. l'Aux.)

I

REGNAULDIN (THOMAS), sculpteur. « Du vendredi 21e (janvier 1701) fut bapt. Margtte-Therèse, fille de Thomas Regnaldin, sculpteur ordinaire du Roy, professeur dans l'Académie de Rome et dans l'Académie royale de peinture à Paris, et de D^{elle}. Marguerite-Louise Monier, sa femme, dans le Louvre. Le parain Guillaume Doe, conseiller secrétaire du Roy... »

Du lundi cinquième juillet 1706, Thomas Regnaudin, recteur de l'Académie royale de peinture et sculpture, époux de Marguerite-Louise Monnier, âgé de quatre-vingt dix ans ou environ, décédé samedy dernier (3 juillet), à sept heures du matin, en son appartement, au Louvre, rue Fromanteau, a été inhumé en présence de Pierre le Blanc, controlleur général des compagnies de

chevau-légers de la garde de Sa Majesté, et de Gaspard de Guillon, écuyer, cy-devant capitaine d'infanterie, tous deux gendres du deffunt, qui ont signés. »
(St Germ. l'Aux.)

J

Mignard (Nicolas), peintre. « Le 21e jour de mars 1668 a esté fait le convoy et service de Nicolas Mignard, peintre ordinaire du Roy et l'un des recteurs de son Académie royale de peinture et sculpture, aagé d'environ soixante ans, pris sur le quay Malaquay, chez Mr Brisacier, et enterré aux Petits-Augustins. Et ont assisté audit enterrement Simont Loret, bourgeois, et François Laquais. » (St Sulpice.)

Mignard (Pierre), peintre. « Dudit jour (samedi 1er octobre 1672), fut b. Pierre-Jean-Baptiste-Armand, né du jeudy 15e du mois passé, fils de Jean-Baptiste Pocquelin Molière, valet de chambre et tapissier du Roy, et d'Armande-Claire-Elisabeth Bejard, sa femme, drant rue de Richelieu. Le parrein Messire Pierre Boileau, conser du Roy en ses conseils, intendant et contrôleur gral de l'argenterie et des menus plaisirs et affaires de la chambre de Sa Majesté; la mareine Catherine-Marguerite Mignard, fille de Pierre Mignard, peintre du Roy... J. B. Poquelin Molière, Catherine Mignard, Boileau. » (St Eustache).

Dudit jour (31 mai 1695) Pierre Mignard, escuier, premier peintre du Roy, directeur des manufactures royalles des meubles de sa couronne aux Gobelins, directeur, chancelier et recteur de l'Académie royale des peintures et sculptures, décédé hier en sa maison, rue de Richelieu, en cette parr., a esté inhumé en ceste église, et présens Mre. Gabriel-Nicollas de la Reynie, conseiller d'Estat ordinaire, dmt rue du Boullois, parr. St-Eustache; Charles Mignard et Rodolphe Mignard, enfants dudit deffunct... Mignard, Mignard, de la Reynie. » (St Roch.)

Mignard (Catherine), peintre. « Le troisiesme jour de febvrier 1742, Madame Catherine Mignard, épouse de feu haut et puissant Seigneur Jul. de Pas, conte de Feuquières, lieutt gal pour le Roy du Toulois et Verdunois, est décédé en cette psse, agée de quatre-vingt-huit ans environ, le c. de laq. a été apporté en cette église, et ensuite transporté en l'église des Révérends Pères Jacobins de la r. St-Honoré, par permissions de Mgr l'arch. de Paris, le 5e du courant, en pnce de René Bovilain, maistre d'hostel de cette ditte dame, et de Jacques le Bourgeois, valet de ch. de lad. dame, témoingts, qui ont signé. »
(Sainte Madeleine de la Ville-Lévêque.)

K

CHAMPAGNE (PHILIPPE DE), peintre. « Le mardy 14ᵉ (aout 1674) a esté inhumé dans la chapelle de la communion deffunct Mᵉ Philippes de Champagne, peintre du Roy et l'un des directeurs de l'Académie royale de peinture et sculpture, décédé en sa maison, rue des Escouffes, fait en présence de Monsʳ de Vaux, mᵉ sirurgien, et de Mʳ Natin. procureur en parlement. »

(Sᵗ-Gervais.)

Actes d'état-civil d'artistes français, par H. Herluison.

NOTE A, PAGE 56.

Pour compléter la description de cet ensemble qui constituait si bien l'église conventuelle, signalons enfin la chapelle des confessions ; elle est placée à gauche du maître-autel. Dans cette chapelle, de forme ovale, se tenait le prêtre qui était séparé de ses pénitentes par le mur de la petite galerie adossée, dans lequel s'ouvrait un guichet. Les religieuses qui étaient dans la chapelle du Saint-Sacrement venaient se présenter successivement à ce guichet avant la communion.

Motif central de la mosaïque sous le dôme.

TABLE DES MATIÈRES

TABLE DES PLANCHES

PARIS. — J. CLAYE, IMPRIMEUR,

RUE SAINT-BENOIT.

L'ÉGLISE ET LE MONASTÈRE DU VAL-DE-GRÂCE

Fig. 1.

Fig. 2.

H. Potier del.

H. Sellier sc.

MÉDAILLE D'OR

PLACÉE DANS LES FONDATIONS

Grandeur de l'Exécution.

Vᵉ A. MOREL et Cⁱᵉ Éditeurs.

Imp. Lemercier et Cⁱᵉ. Paris.

Kuprich-Robert del.

Hibon sc.

Echelle de .... 24 mètres

PLAN DU SOUS-SOL
réduit au 1/5 du Plan attribué à Mansart
qui existe aux Archives nationales.

Vᵉ A. MOREL et Cⁱᵉ Editeurs.

Imp. Lemercier et Cⁱᵉ Paris

Preau

b

Chapelle
du
S! Sacrement

N L

Chapelle
S!e Anne

Chapelle S! 1

M

B

A

Cour d'honneur

Rue S! Jacques

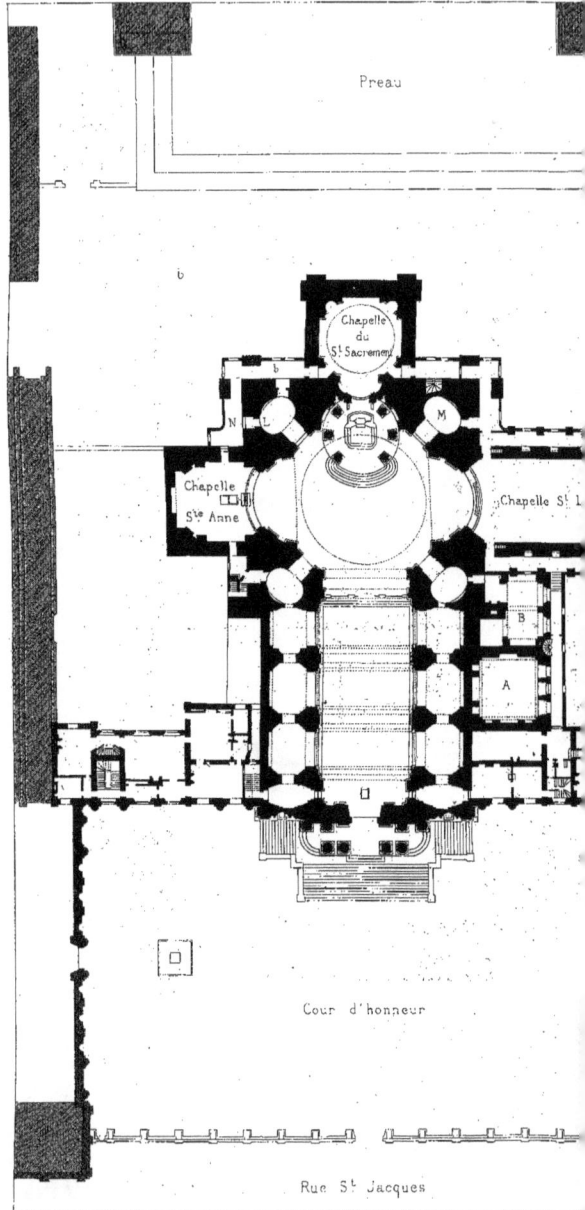

Ruprich-Robert del.

V° A. MOREL et Cie Editeurs

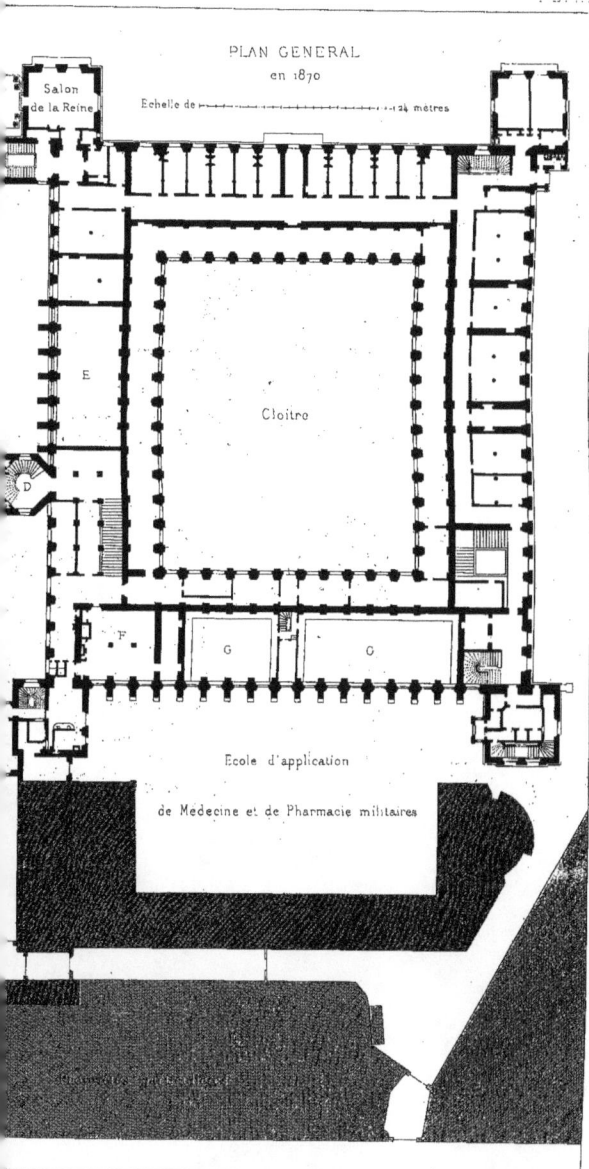

PLAN GENERAL
en 1870

Echelle de ⊢—•—•—•—•—•—•—•—•—•⊣ 124 mètres

Salon
de la Reine

E

D

Cloitre

F

G   G

Ecole d'application

de Medecine et de Pharmacie militaires

F. Penel sc

imp Lemercier et Cⁱᵉ Paris

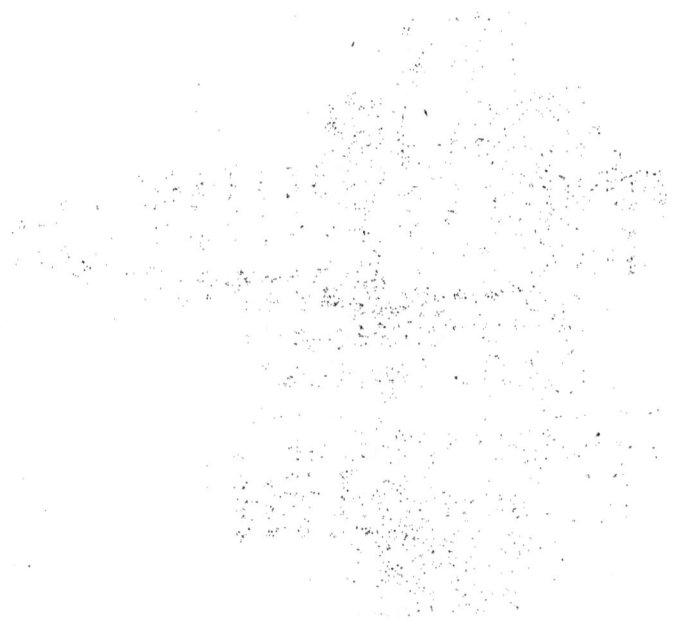

L'EGLISE ET LE MONASTERE DV VAL-DE-GRACE

PL. IV.

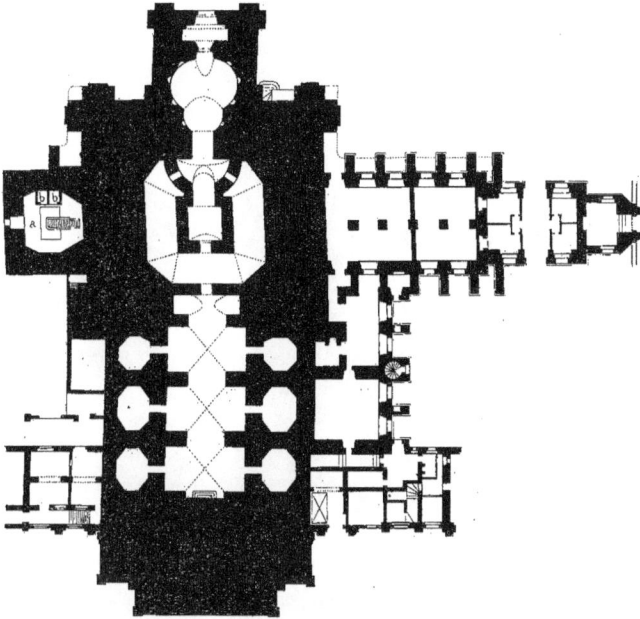

Echelle de 0   10   20   30   40 metres

a. Caveau où étaient déposés les cœurs
des Princes et Princesses du sang.
bb. Armoires en marbre fermées par des grilles.

Ruprich-Robert del.

Maurage Jne sc.

PLAN DES CAVEAVX AV-DESSOVS DE L'EGLISE

Ve A. MOREL et Cie Editeurs.

Imp. Lemercier et Cie Paris.

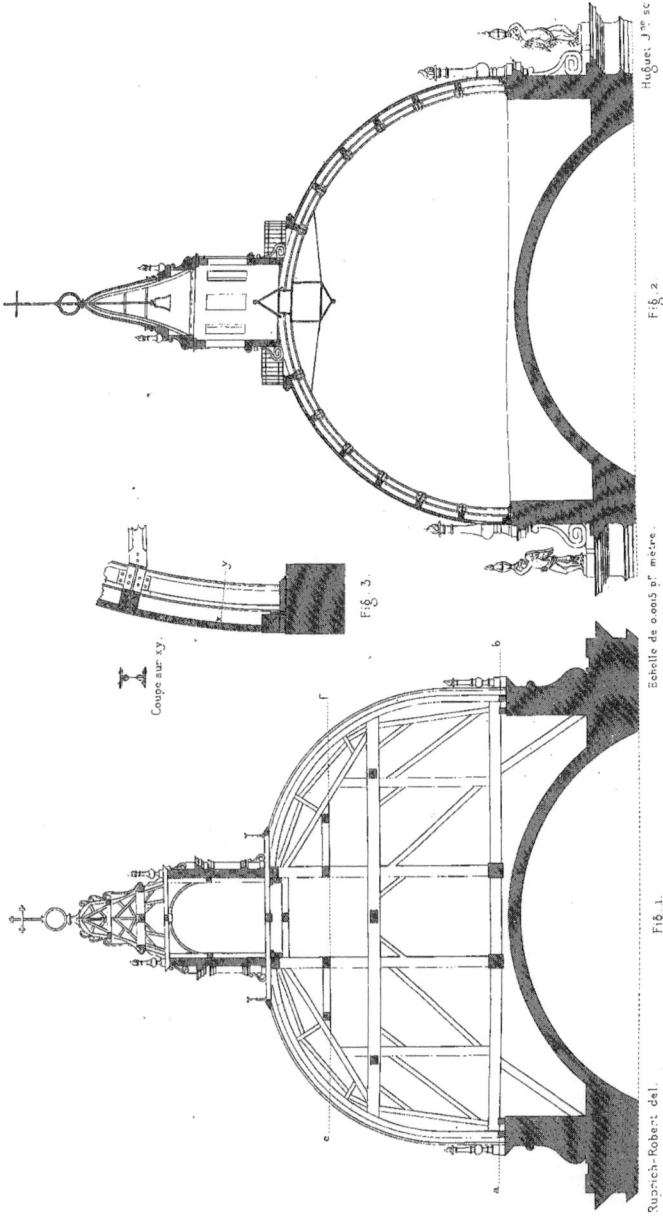

Fig. 1.

Fig. 2

Fig. 3

Coupe sur xy.

Echelle de 0,0025 p.r mètre.

Fig. 1. Coupe du dôme d'après Rondelet.

Fig. 2. — id — reconstruit

Fig. 3. Detail de la ferme Fig. 2. à 0,045 p.r mètre.

Ruprich-Robert del.

Huguet. J.me sc

V.e A. MOREL et C.ie Éditeurs.

Imp Lemercier et C.ie Paris.

Fig. 1.

Fig. 2.

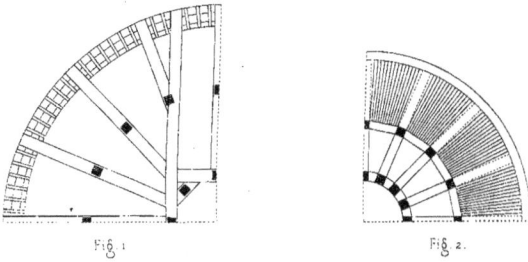

Echelle de 0.015 p^r mètre

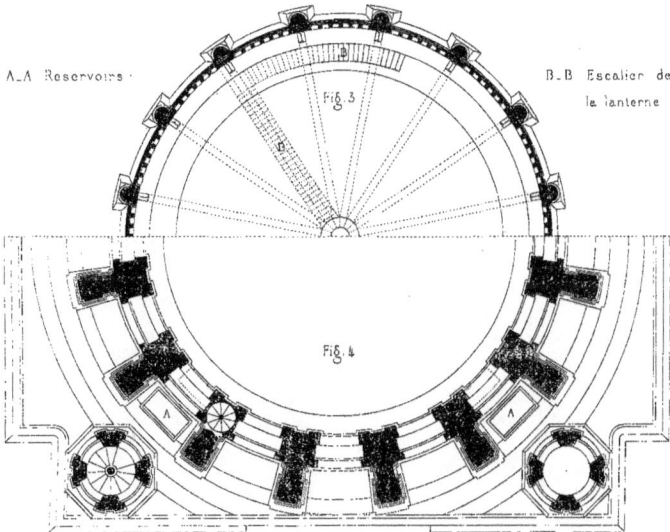

A_A Reservoirs

Fig. 3

B_B Escalier de
la lanterne

Fig. 4

Ruprich-Robert del.

Huguet J^ne sc.

Fig. 1 et 2. Plans de la Coupole en charpente d'après Rondelet.
Fig. 3. Plan de la Coupole, reconstruite en fer.
Fig. 4. Plan de la Tour du Dôme au-dessous de la Coupole

Ve A. MOREL et Cie Editeurs.

Imp. Lemercier et Cie Paris.

Rupriels-Robert del.

F. Penel et Selber sc.

MAITRE-AVTEL

à l'échelle de o m³ a m

Vᵉ A. MOREL et Cⁱᵉ Éditeurs.

Imp Lemercier et Cⁱᵉ Paris

Ruprich-Robert del

P. Lamy sc

CHAPELLE ST LOVIS

COVPE TRANSVERSALE ET ELEVATION D'VNE TRAVEE

Echelle de o.o: p᷷ metre

Vᵉ A MOREL et Cⁱᵉ Editeurs

Imp Lemercier et Cⁱᵉ Paris.

COVPE TRANSVERSALE SVR LA NEF DE L'EGLISE

Ruprich-Robert del.

Huguet Jᵐᵉ sc

a l'Echelle de 0 005 pᵐ mètre

Vᵉ A. MOREL et Cⁱᵉ Editeurs.

Imp Lemercier et Cⁱᵉ Paris

Reprich-Robert del.   Sauvageot et Chappuis sc.

FAÇADE POSTÉRIEVRE

DE L'ÉGLISE

Vᵉ A. MOREL et Cⁱᵉ Éditeurs   Imp. Lemercier et Cⁱᵉ Paris

Ruprich-Robert del.   Cl. Sauvageot sc

CAISSON DE VOUTE

A L'ENTRÉE DE LA CHAPELLE STE ANNE.

a l'Echelle de 0.15 p.r metre

Ve A.MOREL et Cie Editeurs.   Imp.Lemercier et Cie Paris

Ruprich-Robert del.

Cl. Sauvageot sc.

CAISSON DE VOUTE

A L'ENTRÉE DE LA CHAPELLE Sᵗᵉ ANNE

à l'Echelle de o.15 pʳ mètre.

Vᵉ A. MOREL et Cⁱᵉ Éditeurs.

Imp. Lemercier et Cⁱᵉ Paris.

Ruprich-Robert del.   Cl. Sauvageot sc.

CAISSON DE VOVTE

A L'ENTREE DE LA CHAPELLE St LOVIS.

à l'Echelle de 0.16 p.r. metre

Ve A. MOREL et Cie Editeurs   Imp. Lemercier et Cie Paris.

R. prich-Robert del.

Cl. Sauvageot sc.

CAISSON DE VOVTE

A L'ENTREE DE LA CHAPELLE St LOVIS

a l'Echelle de o 15 p.r metre

Vᵉ A MOREL et Cⁱᵉ Editeurs

Imp. Lemercier et Cⁱᵉ Paris.

H. Potier del.

H. Sellier sc.

LA REINE ET Sᵗᵉ ANNE

GROVPE TIRÉ DE LA PEINTVRE DE LA COVPOLE

Échelle de ⊢─────────────┤ 1 mètre

Vᵉ A. MOREL, et Cⁱᵉ Éditeurs.

Imp. Lemercier et Cⁱᵉ Paris

J. LA MAME, LIBRAIRIE

Encyclopédie d'architecture (2ᵉ série), revue mensuelle des travaux publics & particuliers, publiée sous la direction d'un Comité d'architectes & d'ingénieurs.

Il paraît par an 12 numéros, formant 2 volumes, composé de 72 planches & de 18 feuilles de texte avec gravures intercalées.

Abonnement annuel. — Paris . . . . . 36 fr.
— Départements. . . 44 fr.
La 4ᵉ année est en cours de publication.

Gazette des Architectes & du Bâtiment (2ᵉ série), Annuaire de l'architecte & du constructeur.

Il paraît chaque mois 2 numéros d'une feuille de 8 pages in-4° avec dessins intercalés. L'année forme un volume de 202 pages environ.
Abonnement annuel . . . . 20 fr.
Pour les abonnés de l'Encyclopédie . . 10 fr.
La 4ᵉ année est en cours de publication.

Art (l') pour tous, encyclopédie de l'art industriel & décoratif, paraissant les 15 & 30 de chaque mois, publié sous la direction de Cl. Sauvageot.

L'abonnement part du 15 janvier. — Chaque année forme un beau volume in-folio.
Prix de l'abonnement annuel, 24 numéros . 24 fr.
Chacune des années parues . . . . . . 30 fr.
Les 2ᵉ, 3ᵉ & 4ᵉ années exceptionnellement sont composées de 36 numéros.
La 14ᵉ année est en cours de publication.

Art (l') arabe, d'après les monuments du Kaire, depuis le VIIᵉ siècle jusqu'à la fin du XVIIIᵉ, par Prisse d'Avennes.

2 volumes de planches & un volume de texte.
Les 2 volumes de planches paraîtront en 50 livraisons de 4 planches en gravure ou en chromolithographie. Le volume de texte de 300 ou 400 pages grand in-4° sera publié avec la dernière livraison de planches.

Prix de la livraison :
Édition sur papier grand raisin in-plano. 18 fr.
Édition sur papier demi-petit colombier. 13 fr.
20 livraisons sont en vente.

Dictionnaire raisonné du mobilier français, de l'époque carlovingienne à la Renaissance, par E. Viollet-le-Duc.

1ᵉʳ & 2ᵉ vol. Meubles, ustensiles, orfèvrerie, instruments de musique, jeux & passe-temps, outils.
5ᵉ & 6ᵉ vol. Vêtements, bijoux de corps, objets de toilette.
5ᵉ & 6ᵉ vol. Armes offensives & défensives.
Édition grand in-8°. — Prix des volumes 1 à 5.
En vente . . . . 250 fr.
Édition de luxe, tirée à 100 exemplaires, sur papier de Hollande, in-8° raisin.
Prix des volumes 1 à 5. En vente . . 375 fr.
Le 2ᵉ fascicule du dernier volume est en vente.

Histoire des arts industriels au moyen âge & à l'époque de la Renaissance (2ᵉ édition, revue & augmentée), par J. Labarte, membre de l'Institut.

3 volumes in-4° comprenant :
1° Le texte complet, revu et corrigé de la 1ʳᵉ édition, auquel l'auteur a fait de nombreuses additions; — 2° 81 planches placées en regard de la page de texte où il est question des chefs-d'œuvre qu'elles représentent; — 3° 85 vignettes gravées sur bois, servant d'illustrations au texte & reproduisant toutes des objets décrits par l'auteur.
Prix broché . . . . 300 fr.

Habitations modernes, recueillies par E. Viollet-le-Duc, avec le concours du comité de rédaction de l'*Encyclopédie d'architecture* & la collaboration de F. Narjoux, architecte.

L'ouvrage se composera de 200 planches in-folio gravées sur acier & d'un texte explicatif, & paraîtra par livraisons de 20 planches, donnant des types de :
1° Habitations de ville, maisons à loyer, hôtels, maisons privées;
2° Habitations des champs, maisons de campagne, villas, constructions rurales.
Pour les souscripteurs, prix de l'ouvrage complet . . . . 200 fr.
La première série (100 planches) est en vente.
Une fois le dernier fascicule paru, le prix de l'ouvrage complet sera augmenté.

Monographie du Palais de Fontainebleau (2ᵉ édition), par Rodolphe Pfnor. — Cette 2ᵉ édition comprend les mêmes planches que la première, mais sans le texte.

150 planches avec tables explicatives, paraissant en six séries de 25 planches chacune.
Prix de la série . . . . 30 fr.
L'ouvrage complet, en carton . . . . 180 fr.
Les quatre premières séries sont en vente.

Dictionnaire des termes employés dans la construction, par P. Chabat, architecte.

2 volumes grand in-8° avec 2300 figures intercalées dans le texte, publiés en 6 fascicules.
L'ouvrage complet . . . . 50 fr.
Le 4ᵉ volume, en vente . . . . . . 17 fr. 50
Le 4ᵉ fascicule, sous presse . . . . 12 fr. 50
Les fascicules 5 et 6 seront fournis gratuitement.

Traité des constructions rurales, les matériaux de construction, emploi et mise en œuvre, habitation de l'homme, logement des animaux, constructions annexes, la ferme, travaux divers, dépenses, jurisprudence, etc., par Ernest Bosc, architecte.

Un volume in-8° jésus de 500 pages environ avec 580 gravures intercalées dans le texte ou tirées hors texte.
Prix . . . . 30 fr.

Dictionnaire des architectes français, comprenant plus de 1,650 notices, 27 planches reproduisant des sceaux ou des signatures autographes, avec table analytique des matières, noms de personnes, lieux & édifices cités dans l'ouvrage, par Adolphe Lance.

2 volumes gr. in-8° de 400 pages environ chacun.
Prix, brochés . . . . 24 fr.

Dictionnaire raisonné de l'architecture française du XIᵉ au XVIᵉ siècle, par E. Viollet-le-Duc.

10 volumes in-8°, dont un de tables illustrés de 3,745 bois gravés & du portrait de l'auteur gravé par Massard.
Prix, brochés . . . . 250 fr.

Monuments (les) principaux de la France, reproduits en héliogravure, par C. Baldus.

L'ouvrage se composera de 60 planches en héliogravure et sera publié en 3 livraisons de 20 planches.
Prix de la livraison . . . . 80 fr.
L'ouvrage complet . . . . 240 fr.
La 1ʳᵉ livraison est en vente.

www.ingramcontent.com/pod-product-compliance
Lightning Source LLC
Chambersburg PA
CBHW052059090426
42739CB00010B/2243